무기력 디톡스

# 무기력 디톡스

지친 마음에 시동을 거는 마인드 부스팅 수업

윤대현 지음

BURNOUT DETOX

웅진 지식하우스

## 추천의 말

이 책에서 이야기하듯 전 세계는 지금 심각한 무기력 모드에 빠져 있다. 산업, 기술, 정치 등 모든 영역에서 대전환을 맞이하며 개인은 극심한 스트레스와 에너지 소모를 경험하고 있기 때문이다. 이러한 무기력의 시대에 저자는 30여 년간 정신과 의사로서 쌓아온 경험과 의학적 지식을 총망라하여 마음 관리법을 전하고자 한다. 정체된 상황에서 성과를 내느라 고군분투하는 이들이 많다. 이 책은 어려운 시기에도 앞으로 나아가야 하는 이들을 위한 훌륭한 마음 가이드가 되어줄 것이다.

— 김동환(이브로드캐스팅 대표이사, 〈삼프로TV〉 진행자)

살면서 한 번도 무기력을 경험하지 않는 이가 얼마나 될까. 그런 점에서 윤대현 교수의 『무기력 디톡스』는 지금 이 시대에 꼭 필요한 책이다. 지금까지 동기부여를 독려하는 책은 많았지만 이 책은 동기부여를 기다리기보다 몸을 움직여 직접 의욕을 만들라고 조언한다. 몸을 움직이면 뇌가 활성화되어 마음이 깨어난다는 원리다. 이것보다 직관적이고 확실한 무기력 대처법이 있을까. 대한민국 No.1 마음주치의가 전하는 최고의 마음 회복 수업을 읽어보길 권한다.

— 김승환(아모레퍼시픽 대표이사)

절벽을 오르는 자동차에서 가속페달을 밟지 않으면 이윽고 떨어지고 말 것이라는 불안이 나를 뒤흔든다. 1년 넘게 매달려온 전쟁 같은 드라마 음악 작업을 끝낸 뒤 밀린 해외 촬영과 공연까지 마치고 돌아와서 아무것도 할 수 없었다. 오랫동안 무기력했고 우울했다. 모든 결정을 다 미루고 쌓여가는 메시지를 열어볼 용기조차 없었다. 그때 윤대현 교수님의 말이 떠올랐다. 무기력은 열심히 살았다는 증거이지 결코 자책할 게 아니라고. 그래, 위로가 필요했다. 나의 등을 토닥인다. 내 나이에 무슨 위로인가 했지만 눈물이 났다. 당신 역시 이런 기분을 느껴보길 바란다. 『무기력 디톡스』는 무거운 마음을 천천히 일으켜주는 효과적인 심리서다.

— 정재형(뮤지션)

진심으로 존경하는 저자의 신간이 오랜만에 나와서 무척 반가운 마음으로 읽었다. 흔히 의욕이 있어야 행동을 한다고 생각하는데 이 책은 몸을 먼저 움직여 마음의 활력을 되찾는 방법을 전하고 있다. 책에서 추천하는 대로 애꿎은 내 마음을 괴롭히기보다 내가 긍정적인 기분을 느꼈던 행동을 하나씩 시도해보자. 아주 작은 행동이라도 좋다. 그러면 도저히 움직이지 않을 것 같던 마음에 조금씩 시동이 걸리는 걸 느낄 수 있을 것이다. 마음의 힘이 필요한 이들에게 추천하고 싶은 책이다.

— 한문일(前 무신사 대표)

### 차례

**추천의 말** - 4

**프롤로그** - 9
집단 무기력 시대, 마음에도 디톡스가 필요하다

## 1장  왜 우리는 '무기력 모드'에 빠졌나

무기력 팬데믹에 빠지다 - 17   정신적 요인: 스트레스와 압박감이 무기력을 부른다 - 21   신체적 요인: 몸과 마음은 연결되어 있다 - 30   환경적 요인: 세상 앞에서 나는 무력하다는 느낌 - 39   무기력의 또 다른 얼굴 - 56

✚ **스페셜 디톡스** 번아웃 자가 진단법 - 63

## 2장  마음에 시동을 거는 기술, 마인드 부스팅

무기력한 마음을 활성화시키려면 - 69   마인드 부스팅 1단계: 2차 스트레스의 길목을 막아라 - 74   마인드 부스팅 2단계: 자기 연민, 내 감정에 공감하라 - 80   마인드 부스팅 3단계: 무기력의 늪, 반추 사고의 고리를 끊어라 - 88   마인드 부스팅 4단계: 마음에 시동을 걸어라 - 93

✚ **스페셜 디톡스** 행동 활성화 일지 작성하기 - 108

## 3장  무기력에서 나를 구하는 멘탈 강화 수업

마음에 쉼표 찍기, 멘탈 브레이크 – 115   오늘 쌓인 메모리를 관리하라 – 126   180도가 어렵다면 1도씩만 관점을 바꿔라 – 132   행복 강박에서 벗어나라 – 142   왜곡된 관점을 바꿔야 인생이 달라진다 – 156   당신의 감정과 거리를 둬라 – 163   일상이 무너지면 마음도 무너진다 – 170

## 4장  무기력의 시대에 관계를 맺는다는 것

타인에게 쏠 에너지가 고갈되다 – 183   외로움이 심화되는 이유 – 190   상대방의 마음을 여는 동기부여 소통법 – 199   건강한 관계를 만드는 적정 거리가 있다 – 204

## 5장 무기력의 시대에 성과를 낸다는 것

치열한 경쟁, 지쳐가는 직장인 – 221   무기력할수록 마음에 공간을 만들어라 – 228   공감도 지나치면 나를 소진시킨다 – 235   지치지 않고 성과 내기 – 244   지친 뇌를 회복시키는 법 – 253


**에필로그** – 261
무기력의 시대를 건너는 이들에게

주 – 264

프롤로그

# 집단 무기력 시대,
# 마음에도 디톡스가 필요하다

젊은 직장인 사이에서 유행하는 '토스트아웃toastout'이라는 말이 있다. 번아웃burnout처럼 완전히 타버린 상태는 아니지만 노릇하게 타기 시작한 상태를 비유한 말이다. 가령 맡은 업무를 지장 없이 처리해내지만 마음속으로는 의욕이 없고 무기력감을 느끼는 경우다. 이런 신조어가 등장했다는 것 자체가 세대를 불문하고 무기력이 흔하게 퍼져 있다는 방증이 아닌가 싶다.

전 세계는 현재 그 어느 때보다 깊은 무기력 모드에 빠져 있다. 무기력exhaustion이란 어떤 일을 할 수 있는 기력이나 의욕이 없는 상태를 말한다. 정신과 의사로 일한 지 30여 년인데, 돌이켜보면 지금처럼 임상 현장에서 사람들의 마음 에너지가 크게 고갈된 모습을 본 적이 없다. 직장인은 물론이고 주부, 대학생, 사회 초년생까지 많은 이들이 피로감과 의욕 저하, 우울 등의 증상을 호소한다.

무기력이 새로운 증상은 아니다. 인류는 오랜 세월에 걸쳐 에너지 소진과 피로감에 대한 원인을 파악하려고 연구해왔다. 고대 중국에서도 이에 대해 우려했다는 기록이 있으니, 시대를 초월해 이어져온 문제다. 하지만 지금 우리가 당면한 무기력은 지난 십수 년간 경험해온 무기력과 양상이 다르다.

기존에는 주로 개인 차원에서 업무 과다나 우울증, 체력 부족 등으로 경험하는 무기력이었다면 지금은 전 세계인이 동시 다발적으로 경험하는 '집단 무기력'이라는 것이 특징이다. 한 명이 경험하는 심리 문제 차원을 넘어 아예 무기력이 현대인의 '기본 모드'가 되고 있다는 것이다.

이런 현상의 촉발제가 된 것은 바로 2020년 대유행한 코로나19 팬데믹이다. 팬데믹 기간은 전 지구인을 대상으로 대규모 심리 실험이 이루어진 때이기도 했다. 동일한 시기에 전 세계 인구가 같은 원인으로 극심한 스트레스를 받았고, 이제 그 후

유증이 정신건강상의 문제로 드러날 차례다.

팬데믹을 계기로 무기력은 '능동적 무기력active inertia'으로 변모했다. 능동적 무기력이란 세상이 개인과 조직에 변화를 요구하지만 기존 틀에서 벗어나지 않으려고 변화에 강하게 저항하는 것을 뜻한다. 지금은 산업, 정치, 사회 전반의 대전환이 이루어지면서 스트레스 강도가 엄청나게 높아졌다. 의욕이 모두 꺾인 상태인데 변화에 대한 요구까지 더해지니, 마음이 변화에 적극적으로 반항하는 방어 체계를 작동시킨 것이라고 볼 수 있다.

무기력에 '능동적'이라는 단어가 붙은 것이 역설적이다. 이제 무기력은 더 이상 며칠 푹 쉬고 시간이 지나면 자연스럽게 해결될 문제가 아니라는 뜻이다. 이 책을 써야겠다고 결심한 계기도 이 때문이다.

무기력은 잘 다루지 못하면 온몸에 독소처럼 퍼진다. 이때 마음의 시스템을 바로잡지 않고 단발성 처방만 이어가다 보면 무기력한 상태가 끝없이 반복된다. 그래서 지금 우리 마음에 필요한 것이 디톡스detox다. 디톡스란 몸 안의 독소를 분해하고 배출해 몸을 정화하는 것을 뜻하는데, 이 책에서는 무기력 디톡스를 통해 피로가 쌓인 마음을 정화하고 의욕을 되찾는 방법을 안내할 것이다.

무기력 디톡스의 핵심은 '몸을 움직이는 것'이다. 인간의 행동과 감정은 상호작용하기 때문에 행동을 통해 긍정적 경험을 증진시킬 때 무기력과 우울에서 벗어날 수 있다. 실제로 이는 우울증 환자 치료에도 널리 사용되는 '행동 활성화behavioral activation'라는 기법이다. 이 책에서는 행동 활성화 원리를 기반으로 꺼진 마음에 시동을 거는 마인드 부스팅mind boosting 전략을 중점적으로 소개하려고 한다.

먼저 1장에서 전 세계적인 무기력 현상과 그 심각성을 알아볼 것이다. 그리고 무기력이 생기는 원인을 신체적 요인, 정신적 요인, 환경적 요인 세 가지로 나누어 분석한다. 2장에서는 마음을 활성화하는 부스팅 전략 4단계를 소개한다. 스트레스를 1차 스트레스와 2차 스트레스로 분류해 관리하면서 반추 사고의 고리를 끊고 과도한 마인드 컨트롤을 막는 것이 주요 내용이 될 것이다. 3장은 일상에서 미니 브레이크, 메모리 관리 등의 멘탈 관리를 통해 의욕을 되찾는 법을 전한다. 4장에서는 에너지가 소진된 시대에 타인과 건강하게 관계 맺는 법을 안내하고 5장에서는 지치지 않고 성과를 낼 수 있는 마음 관리 노하우를 제시한다.

모두가 무기력하기에 내가 단 1퍼센트라도 이전보다 마음을 활성화하면 그것이 경쟁력이 될 수 있다. 반드시 이 무기력감을 극복해야 한다는 부담감은 버려도 된다. 지금 같은 정체의 시기에는 묵묵히 버티는 마음이 가장 중요한 준비물이다. 결국 버티는 자가 강한 것이라는 말을 기억하며 본문에서 설명할 마인드 부스팅 전략에 따라 슬슬 마음에 시동을 걸어보자. 이 책을 집어든 행동만으로도 당신은 자격을 갖췄다.

2024년 가을의 길목에서
윤대현

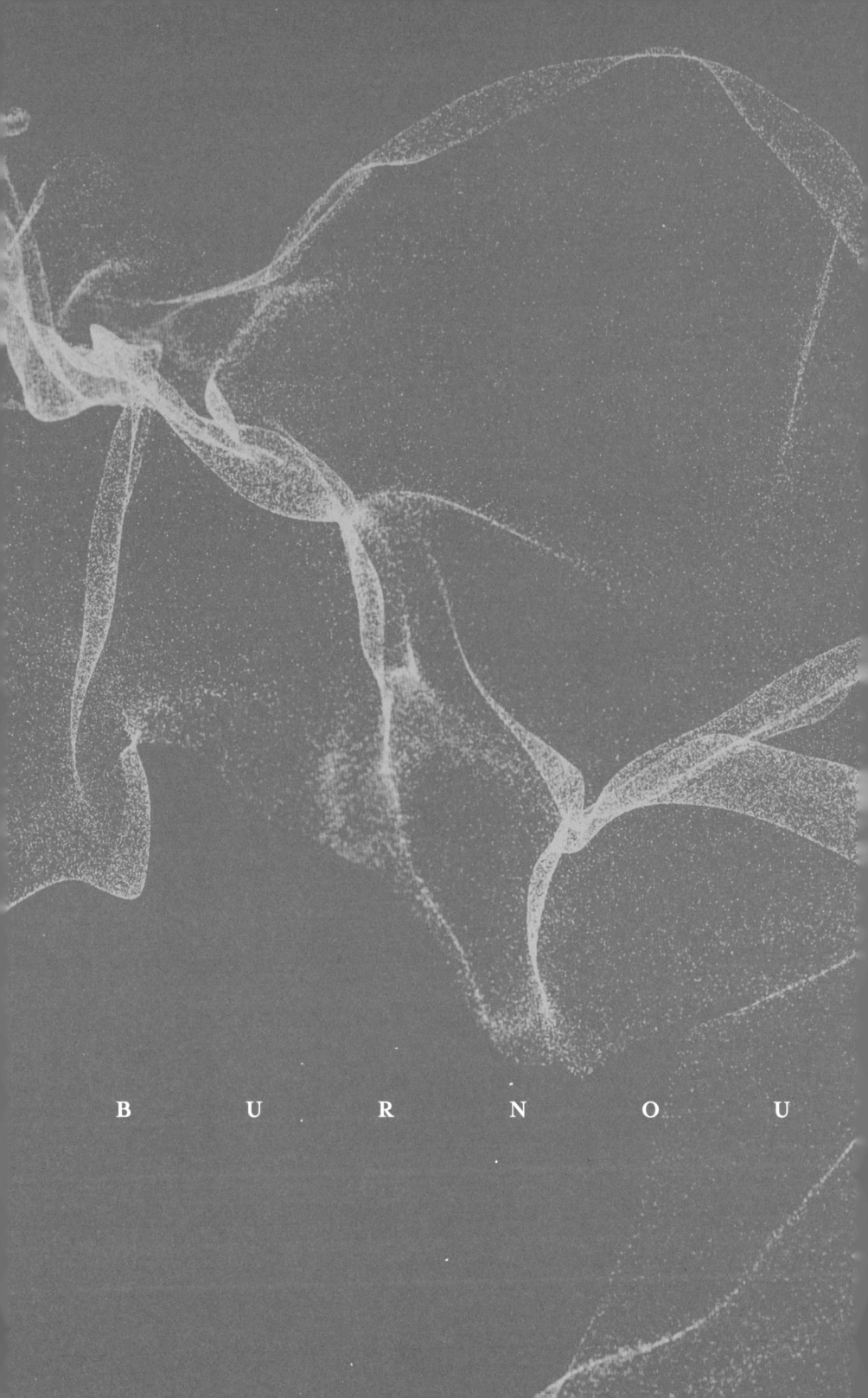

BURNOU

1장

왜 우리는
'무기력 모드'에
빠졌나

DETOX

# 무기력 팬데믹에 빠지다

### 무기력한 사람들로 가득한 세계

요즘 부쩍 진료 현장에서 의욕이 하나도 없다며 무기력감을 호소하는 사람이 늘었다. 정도의 차이만 있지 모든 사람의 마음 날씨를 한마디로 표현한다면 무기력이 아닌가 하는 생각이 들 정도다. 무기력은 말 그대로 기력이 없다는 뜻인데, 의학적으로는 과도한 스트레스와 지속적인 업무 압박 때문에 발생하는 신체적·정서적·정신적 소진 상태를 말한다.

시민이나 직장인을 대상으로 한 강연을 할 때 가볍게 청중의 마음 상태를 진단하기 위해 던지는 질문이 있다.

"작년보다 의욕이 넘치는 분 계세요?"

그러면 손을 드는 사람이 거의 없다. 간혹 손을 드는 사람도 바로 얼마 전까지 상당한 무기력을 경험했다가 극복하는 중이라고 말하는 경우가 대부분이다. 이때 극복하는 중이라는 표현은 무기력에서 완전히 벗어난 것이라기보다는 무기력에서 탈출하겠다는 의지를 표현하는 것에 가깝다. 물론 이것은 훌륭하고 반가운 모습이다. 그런데 다른 각도에서 보면 그만큼 무기력의 늪에서 헤어 나오는 것이 만만치 않다는 증거이기도 하다.

또 한 가지 큰 변화는 청년 세대의 우울과 무기력이 증가했다는 것이다. 리더를 대상으로 교육을 할 때 "신입 사원 중에 무기력감을 호소하는 이들이 얼마나 될까요?"라고 질문하면 많아야 30퍼센트 정도라고 예측한다. 하지만 예상과 달리 실제 강연이나 워크숍에서 질문을 던져보면 제조업 기반의 대기업은 물론 스타트업이나 외국계 기업에서도 신입 사원의 5분의 4 이상이 무기력감을 느낀다고 대답하는 추세다.

'그냥 쉬는' 청년도 역대 가장 높은 수치를 기록하고 있다. 통계청 조사에 따르면 2024년 8월 기준으로 어떠한 구직 활동도 하지 않고 쉬고 있는 청년 인구가 70만 명으로 집계되었다.[1] 이 통계 작업을 시작한 2003년 이후 역대 가장 많은 수다. 원하는 일자리를 찾지 못하는 경우가 가장 많았지만 업무 과중과 번아웃 때문에 재취업을 미루는 경우도 적지 않았다.

이처럼 극심한 무기력이 지구 전체를 덮치고 있다. 직장인이건 아니건 남녀노소 막론하고 공통적으로 마음에 시동이 꺼진 무기력 모드에 진입했다고 볼 수 있다.

의욕이 넘치는 시대라면 좋을 텐데 그렇지 않아 마음이 괴로울 수 있다. 하지만 관점을 바꿔서 생각해보자. 모두가 과거처럼 에너지 넘치는 상태라면 여기서 경쟁 우위에 서기도 쉽지 않을 것이다. 지금은 모두가 무기력한 상황이라 작은 변화로도 큰 효과를 얻을 수 있다. 그래서 이 책에서 각 개인이 정체와 무기력감에서 벗어나 위기를 기회로 만들 수 있도록 해주는 유용한 마음 관리 전략을 소개하고자 한다.

많은 이들이 의욕이 솟아날 완벽한 타이밍을 기다리지만 지금 같은 무기력의 시기에는 동기를 찾을 타이밍만 기다리다가 시간을 낭비할 수 있다. 의욕이 없더라도 일단 몸을 움직여 행동에 옮기는 것이 효과적일 수 있다. 행동을 통해 마음을 활성화하면 그때부터 의욕이 생기기도 한다. 이것이 2장에서 소개할 마인드 부스팅 전략이다.

우선 우리를 점령하고 있는 무기력의 특성을 이해하고 그 원인을 분석해보자.

무기력은 왜 나타나는 걸까? 그 원인은 다양하며 정신적·신체적·환경적 요인이 복합적으로 작용할 수 있다. 정신적 요인은 우울증이나 불안 장애, 스트레스 등이고, 신체적 요인은 만성피로나 수면 부족, 질병 등을 꼽을 수 있다. 또 환경적 요인으로는 코로나19 같은 특수한 상황이나 과도한 업무, 대인 관계 문제 등이 있다.

1. 정신적 요인: 우울증, 불안 장애, 스트레스 등
2. 신체적 요인: 만성피로, 수면 부족, 질병 등
3. 환경적 요인: 코로나19 같은 환경의 변화, 과도한 업무, 대인 관계 문제 등

이런 요인들은 명확히 구분되기보다는 복합적으로 작용하면서 무기력이 발생한다. 여기서는 편의상 크게 세 요인으로 나눠서 무기력을 일으키는 원인을 살펴보겠다.

# 정신적 요인:
# 스트레스와 압박감이 무기력을 부른다

### 분노할 힘조차 없어진 사람들

1970년대에 학술 보고된 '번아웃'이란 용어가 최근 들어 일상에서 익숙하게 사용되고 있다. 유행이라 할 만큼 관련 서적도 많이 출간되었다. '번아웃 증후군'은 과도한 스트레스와 장기적인 업무 부담으로 발생하는 신체적·정서적·정신적 소진 상태다.

대표적인 번아웃 현상이 바로 무기력감이다. 일과 삶에 대한 에너지가 고갈되는 것이다. 또 직업 효능감professional efficacy이 떨어진다. 직업 효능감이란 자신의 직업적 역량에 대한 믿음과 업무 역할을 효과적으로 수행할 수 있는 능력을 의미하는데, 이와 관련된 자신감이 하락하는 것이다.

직장인 2명 중 1명은 번아웃을 경험한다[2]는 통계도 있다. 번아웃은 조직이나 구성원 개인에게 부정적 영향을 미치기 때문에 세계보건기구WHO도 수년 전 번아웃에 대한 적극적인 관심과 연구가 필요하다고 밝혔다. 마이크로소프트Microsoft의 자회사인 링크드인LinkedIn은 1만 5,000여 명에 이르는 직원에게 번아웃 예방을 위해 한 주간 재충전 휴가를 제공해 이슈가 되기도 했다.

2023년 글로벌 컨설턴트사인 매킨지 앤드 컴퍼니McKinsey & Company에서 전 세계 직장인들의 번아웃 실태 조사를 진행했다.[3] 30개국 3만 명 이상의 직원을 대상으로 번아웃 정도와 번아웃 증상을 구분해 그 수치를 비교했다. 번아웃 증상으로는 무기력감, 심리적 회피mental distance, 인지적 문제cognitive impairment, 정서적 문제emotional impairment 등 네 가지가 있다.

그중 전 세계에서 가장 높은 비율로 나타난 것이 바로 '무기력감'이었다. 전 세계적으로 무기력감을 느끼는 이들이 42퍼

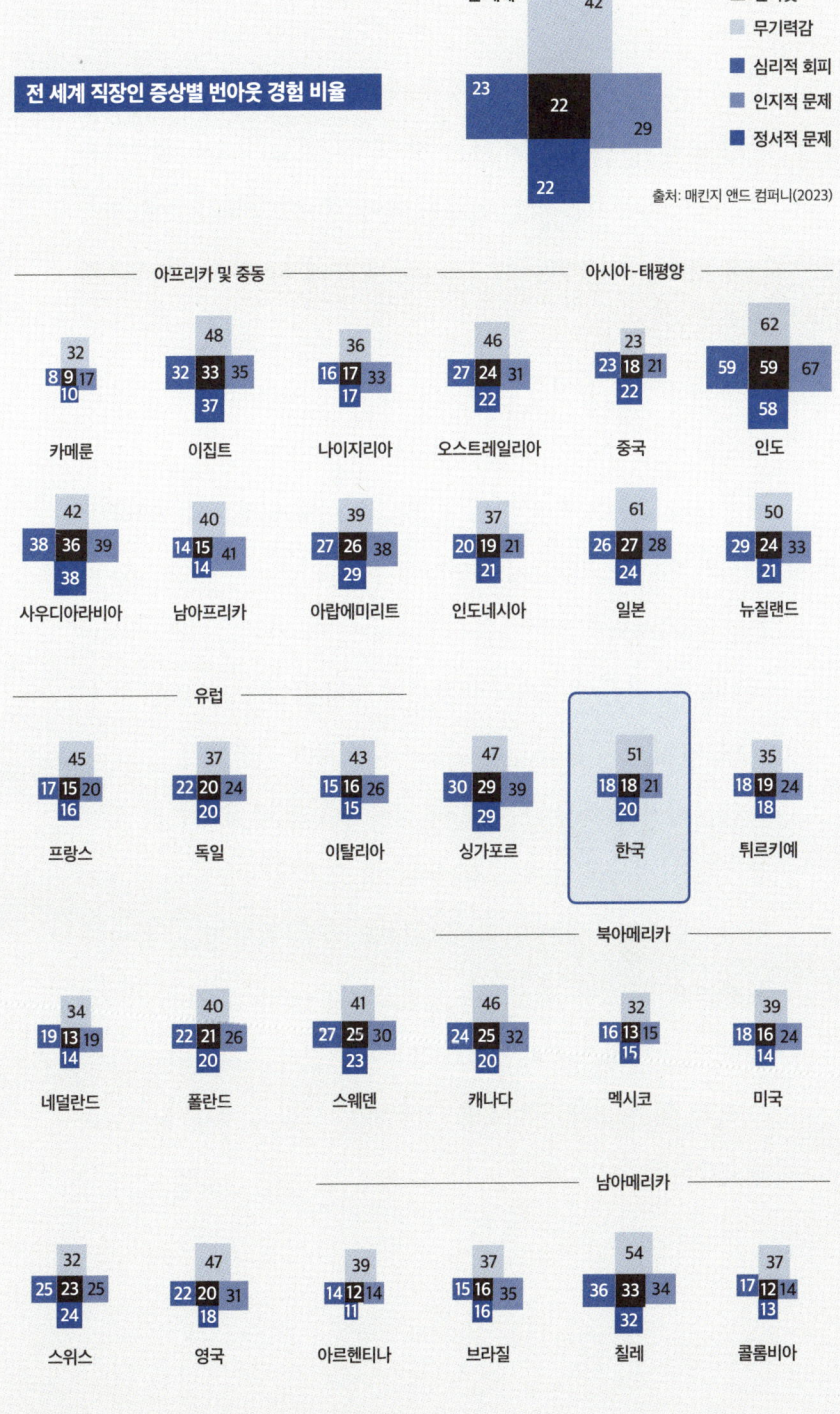

센트에 달했다. 한국은 전 세계 평균보다 높은 51퍼센트의 직장인이 무기력감을 호소하는 것으로 나타났다. 2명 중 1명은 무기력으로 문제를 겪고 있다는 이야기다. 그 외에 무기력감이 가장 높은 나라는 인도로, 직장인의 무려 62퍼센트가 무기력감을 느끼고 있다.

한때 기업에 강연을 하러 가면 직장인들의 대표적인 고민 키워드는 분노 조절이었다. 거래처의 갑질이나 눈앞에서 기회를 빼앗기는 등 부정적 상황에 처했을 때 어떻게 분노에 대처하고 마음의 평화를 되찾는지에 관심이 높았다. 분노는 어떤 상황 때문에 즉각적으로 화가 나는 '1차 분노'와 관계의 불만족이나 외로움 등 다른 감정에서 비롯되는 '2차 분노'로 분류할 수 있는데, 이 둘을 구분하고 다스리는 것이 주요 과제였다.

분노하거나 화가 나는 것은 '정서적 문제'에 속하는데, 앞의 통계에서 정서적 문제는 전반적으로 무기력감에 비해 수치가 낮다. 에너지가 있어야 화도 내는데, 그럴 힘도 없는 것이다. 이제는 분노 같은 감정보다 화를 낼 기운조차 없어 무기력감을 느끼는 방향으로 사람들의 정신이 침잠하는 듯하다.

특히 입사 초에 번아웃을 호소하는 사람도 점점 늘어나는 추세다. 그 원인은 무엇일까?

우선 개인차는 있겠지만 취업을 준비하면서 상당한 에너지를 쓴 상태다. 기대하던 취직을 해서 기쁘지만, 큰 경기를 치른 후 공허함이 찾아오는 것처럼 마음이 뻥 뚫린 듯한 기분이 든다. 거기에 정체성에 대한 고민과 구성원 간의 사회적 관계에서 오는 스트레스가 겹치면 '내가 어디에 있고 이 방향이 맞는가' 하는 회의감까지 든다. 실제로 기대를 안고 입사했는데 자기 자신과 조직에 대한 실망감이 크다 보니 계속 회사에 다녀야 하는지 고민하는 사회 초년생이 많다.

구체적으로는 자신이 하는 일이 회사에 어떤 긍정적 영향을 주고 있는지 모르겠다는, 즉 자신의 존재감을 느낄 수 없다는 정체성에 대한 고민이 많다. 또 회사에서 본받을 만한 좋은 리더에 대한 갈망을 충족시키지 못한 데서 오는 실망도 있다. 그래서 실제로 사표를 내겠다고 결정한 이들도 적지 않다.

이처럼 나이와 세대를 막론하고 치열한 경쟁 사회를 살아가는 모든 이들에게 무기력과 번아웃이 통과의례처럼 찾아오고 있다.

## 시간 빈곤감이 촉발하는 무기력

번아웃의 주원인으로 꼽히는 것 중에 하나가 과도한 근무시간이다. 2023년 한국인의 연간 근로시간은 1,874시간이었다. 2022년에 비해 30시간이 줄어든 수치지만 경제협력개발기구 OECD 회원국 평균 연간 근로시간에 비하면 122시간이 많다. 하루 8시간 근무한다고 쳤을 때 한국인은 OECD 평균보다 1년에 15일 더 일하는 셈이다.

바쁜 것이 곧 성공은 아니지만 우리 사회에서는 바쁜 것을 성공의 척도로 삼는 편이다. 성공했다는 평가를 받는 사람들 중에 한가한 경우는 드물다. 그런데 오히려 바쁠수록 '시간 빈곤감 time poverty'[4]이 커질 수 있다. 시간 빈곤감이란 자신이 충분한 시간을 갖지 못했다고 느끼는 상태로, 일상적인 요구와 의무를 감당하기에 시간이 부족하다는 압박감을 느낄 때 주로 경험한다.

여기서 유의할 점은 시간 빈곤감은 실제로 시간이 부족한 것과 차이가 있다는 것이다. 시간이 부족하다는 '주관적' 느낌을 말하는 것이지, 실제로 물리적 시간이 부족한 것은 아니다.

개인 사업을 운영 중인 J씨가 바로 시간 빈곤감 때문에 괴로

위하는 사례였다. 그는 성공하기 위해 내달리다가 주변을 돌아보니 가까운 사람들이 모두 떠났다고 토로했다. 비록 성공은 했지만 친구나 가족, 지인과의 관계는 점점 멀어졌고 결국 공허함이 몰려왔다. 성공이 곧 행복이라 믿고 시간을 다투며 열심히 살아왔는데 주변 사람을 잃고 나니 지금까지 아슬아슬하게 버텨왔던 몸과 마음이 모두 소진된 상태였다.

J씨의 사례처럼 시간 빈곤감은 일과 가정, 개인의 삶 사이에서 균형이 무너진 경우에 자주 나타난다. J씨는 사업 운영으로 인한 스트레스 때문에 주말에 시간이 나도 가족이나 친구들과 여유롭게 시간을 보내지 못했다고 말했다. 이처럼 압박이 크면 물리적인 시간이 충분해도 끊임없이 시간이 부족하다고 느낄 수 있다. 과도한 업무로 시간이 부족하다고 느끼면, 이것이 만성 스트레스가 되고 에너지를 소모해 결과적으로 무기력 상태로 이어질 수 있다.

시간 빈곤감은 무기력을 악화시키는 주원인이다. 마음을 조급하게 만들고 동기와 열정을 빼앗아 해야 할 일을 성공적으로 수행할 수 없다고 느끼게 하기 때문이다. 이는 내가 내 삶을 통제할 수 없다는 생각으로 이어져 무기력을 더욱 심화시킨다.

이런 느낌은 만성 스트레스를 유발하면서 정신건강에 부정적인 영향을 주고 삶의 질 저하로 이어질 수 있다. 실제로 시간 빈곤감을 느끼면 삶의 만족감, 긍정성, 그리고 마음 건강에 부정적인 영향을 준다는 연구 결과가 있다. 더불어 시간 빈곤감은 창의성과 업무 능력뿐 아니라 인간관계의 질까지 떨어뜨린다는 연구 결과도 있다.[5]

그렇다면 만약 J씨가 시간 빈곤감에서 벗어나기 위해 여유 시간을 많이 가진다면 시간 부자가 되는 것일까? 우리 마음이 그렇게 간단하게 설계되어 있지 않다.

J씨가 사업 스트레스 때문에 힘들고 시간 여유도 없이 쫓기는 삶이 힘들어, 여유로운 제2의 삶을 기대하며 사업체를 정리했다고 치자. 경제적 여유까지 갖추었다면 겉으로 보기에는 매우 부러운 상황이다.

그런데 이처럼 물리적으로 시간 빈곤감에서 벗어났는데도 삶의 만족도는 크게 높아지지 않을 확률이 높다. 왜 그럴까? 앞서 언급했듯이 시간 빈곤감은 물리적 시간이 부족해서 생기는 게 아니라 주관적 시간 인식이 관건이기 때문이다. 즉 충분한 시간이 있더라도 그걸 어떻게 느끼고 사용하는지가 중요하다.

시간이 텅 비어 있다고 만족도가 높아지지 않는다. 물리적 시간은 늘어났지만 오히려 텅 빈 시간 속에서 심리적 빈곤감을 더 느낄 수도 있다. 우울증까지 겪는 사례도 있다. 여유롭게 재미있는 활동을 즐기면서 지낼 생각이었는데 막상 무엇을 할지 몰라 막막하고, 점차 무기력이 찾아온다. 그러면 아무도 만나지 않고 아무것도 하지 않고 집에만 있다가 결국 우울감에 빠져버린다.

물리적 시간의 양을 확보하는 것도 중요하지만, 시간 빈곤감에서의 심리적 해방을 위해서는 그 빈 시간에 자신을 충만하게 만들 수 있는 '내용'을 채워야 한다. 그 시간을 어떻게 느끼고 사용하는지, 인식과 관리가 중요하다는 말이다.

생산성과 효율성을 최고의 가치로 여기는 이 시대에는 낭비하는 시간 없이 하루 스케줄을 효율적으로 채우는 것도 중요하지만, 시간에 쫓겨 마음의 여유를 잃지 않도록 경계할 필요가 있다. 시간 빈곤감이야말로 무기력에 빠지는 지름길이기 때문이다.

# 신체적 요인: 몸과 마음은 연결되어 있다

### 마음 챙김에서 양쪽 챙김으로

자신감을 끌어올리는 가장 쉬운 방법은 무엇일까? 두 다리를 벌린 채 양팔을 높이 드는 자세를 취하는 것이다. 농담인 것 같지만 사실이다.

하버드대학교 경영대학원 에이미 쿠디Amy Cuddy 교수와 콜롬비아대학교 다나 카니Dana Carney 교수는 이처럼 슈퍼맨 포즈를 취할 때 남성과 여성 모두 테스토스테론이 증가하고 코르

티솔이 감소하면서 자신감이 상승하고 스트레스가 감소한다는 사실을 밝혀냈다.[6] 우리의 마음과 몸은 결코 분리되어 있지 않다는 사실을 증명하는 연구는 이외에도 많다.

그래서 요즘 정신건강 트렌드가 마음을 다스리는 '마음 챙김 mindfulness'에서 몸과 마음을 함께 돌보는 '양쪽 챙김 bothfulness'으로 확대되는 추세다. 몸을 돌보는 것이 곧 마음을 돌보는 것이고, 마음을 돌보는 것이 곧 몸을 돌보는 일이기 때문이다.

정신적 문제인 우울증이 염증에서 비롯되는 경우도 있다. 케임브리지대학교 정신의학과 에드워드 불모어 Edward Bullmore 교수는 우울증의 일부는 '염증성 우울증'이라고 지적했다.[7] 그의 연구에 따르면 심장마비가 일어난 사람은 심장에 영양을 공급하는 관상동맥에 생긴 염증 때문에 이후 몇 주 동안 우울 증상이 나타날 위험이 50퍼센트에 달하고 우울 장애를 겪을 확률도 20퍼센트나 된다.

얼핏 생각하면 심장마비처럼 심각한 스트레스를 경험했으니 당연히 우울해지지 않겠느냐는 해석이 가능하다. 분명히 심리적 스트레스가 일부 영향을 주었을 것이다. 그런데 마음과 뇌, 그리고 면역 기관의 상호작용을 밝히는 분야인 면역 정신의학 immuno-psychiatry은 염증 물질이 혈관을 타고 뇌에 영향을 미쳐 신경세포 기능에 문제를 일으킴으로써 염증성 우울증이 생길 수 있다는 걸 밝혀냈다.

　염증이 우울을 유발하기도 하지만 반대로 우울이 몸에 염증을 일으킬 수도 있다. 경제적 문제나 사회적 고립 같은 스트레스 상황에서 사이토카인cytokine 같은 염증 생체 지표가 증가한다는 연구 결과가 있다. 유사한 사례로는 스트레스 때문에 많이 먹어서 살이 찌면 비만 세포가 늘어나는데 여기에서 나오는 염증 물질이 우울감을 일으키고 다시 심리적 허기를 더 키우는 악순환이 일어나는 경우도 있다.

　"회사에서 뛰어난 사람들과 경쟁하며 좋은 성과를 내야 하는데 자꾸 열등감이 생기고 스트레스를 받아요. 스트레스가 심한 날엔 복통까지 일어나요"라는 직장인의 고민을 들었다. 놀랍게도 지속되는 열등감 같은 심리 스트레스는 진짜 배를 아프게 할 수 있다. 만성 스트레스가 소화기 쪽 신경 시스템에 부정적 영향을 미친다는 최근 연구 결과가 있다.[8]

　만성 스트레스로 스트레스 호르몬이 과도하게 분비되면 장의 미성숙한 신경세포가 정상 세포로 발달하는 데 방해를 받는다. 결과적으로 장운동을 촉진하고자 보내는 신경세포의 신호가 약해져 장 움직임이 무뎌질 수 있다. 그래서 '마음-장 연결Mind-Gut Connection'이라는 용어도 있다.⁹ 마음과 장이 떨어져 있지만 긴밀하게 상호작용한다는 것이다.

또 스트레스 호르몬은 장 신경 시스템을 자극해 면역반응을 필요 이상으로 증가시킬 수 있다. 면역 시스템은 병균과 싸우는 데 중요한 역할을 하지만 과도하게 반응하게 되면 장에 고통스러운 염증을 일으킬 수 있다. 그래서 염증성 장 질환을 치료할 때 약물 치료와 더불어 스트레스 관리 기법을 병행하는 것이 효과적이라는 주장도 있다.

이 외에도 스트레스를 받으면 호르몬에 어떤 변화가 생길까. 스트레스가 장시간 마음이란 소프트웨어를 힘들게 하면, 마음이 담긴 하드웨어인 뇌는 콩팥 위에 있는 부신이란 호르몬 공장에 신호를 보내 스트레스 호르몬인 코르티솔cortisol을 방출하게 한다. 스트레스 호르몬은 단기적으로는 스트레스 대처에 도움이 되지만 장시간 나오면 뇌세포에 악영향을 미치는 등 오히려 불편을 줄 수 있다.

그뿐 아니다. 뇌 속에 수면과 감정 조절 등을 담당하는 세로토닌serotonin이라는 신경전달물질이 충분하면 진정 작용을 해서 정신 상태가 안정되고 잠도 잘 온다. 반대로 세로토닌 수치가 낮아지면 무기력감, 우울감, 불안감이 증가할 수 있다. 기분이 가라앉아 의욕이 사라지고 잠을 자지 못하게 된다. 더 나아가서 우울증을 일으킬 수 있다. 실제로 낮은 세로토닌 수치는 우울증의 원인 중 하나로 여겨지며, 많은 항우울제가 세로토닌 수치를 높여 기분을 개선함으로써 증상을 호전시키는 역할을 한다. 그런데 신기하게도 세로토닌 중 상당량이 뇌가 아닌 장에서 생산된다. 신경세포 역시 뇌에만 있는 것이 아니라 장에도 가득 분포되어 있다. 장이 소화 기능만 담당하는 것이 아니라 감정 조절, 인지능력 등 뇌 기능에 영향을 미치는 것이다.

결국 장이 건강해야 마음도 건강해진다. 실제로 미역 같은 해초에서 장내 유익균을 활성화하는 데 도움을 주는 물질을 추출해 장 기능을 개선하고, 치매 치료에 적용하려는 연구도 진행되고 있다. 또 항우울제를 섭취하지 않고 일상생활에서 세로토닌을 늘리는 방법도 주목받고 있다.

나도 정신과 의사지만 진료할 때 때론 마음보다 몸에 더 관심을 둔다. 인생 자체가 스트레스라 열등감, 분노 등 여러 불편한 감정을 피할 길이 없지만, 과도한 심리적 스트레스는 실시간으로 장뿐 아니라 몸의 여러 중요 기관에 내상을 주기 때문이다.

## 과도한 건강 염려증이 생기는 이유

최근 임상 현장에서 눈에 띄는 현상 중 하나가 건강 염려증이 증가했다는 것이다. 30대 젊은 직장인인데 건망증이 심해졌다며 치매가 아닌지 걱정하며 찾아오는 사례가 늘었다. 대부분 업무 스트레스가 원인이고, 치매 때문인 경우는 드물다. 하지만 안심해도 된다고 말해도 여전히 근심 가득한 표정으로 돌아간다.

건강 염려증이 심해질 경우 질병 불안 장애Illness Anxiety Disorder에 이를 수 있다. 대부분의 시간 동안 건강을 걱정하는 데만 빠져 있는 경우도 있다. 옆에서 보기에는 왜 저러나 싶지만, 건강 염려증은 꾀병이 아니다. 그리고 마음만 불편하게 하는 것이 아니라 실제 몸에도 부정적 영향을 미칠 수 있다.

그래서 건강 염려증이 심한 이들에게는 '마음이야 불편하면 그만인데 실제 몸이 상해서 문제다'라며 불안이 몸에 미치는 부정적 영향을 강조해서 이야기할 때가 있다.

심리적 요인이 실제로 몸에 영향을 주는 예를 하나 들어보면 백의 증후군white coat syndrome이 있다. 흰색 의사 가운을 보면 혈압 수치가 높아졌다가 가정에서 재측정하면 혈압이 정상으로 돌아가는 경우를 이야기한다. 병원 환경에서 증가한 불안이 혈압을 높이는 것이다. 병원에서만 고혈압 증상을 보이는 경우가 15~30퍼센트에 이르니 적지 않은 수다.

그런데 백의 증후군 자체가 심혈관 질환과 연관성이 있다는 연구도 존재한다. 과도한 불안이 심장에 영향을 줄 수 있다는 것이다. 실제로 건강 염려가 높은 사람은 그렇지 않은 사람보다 심혈관 질환 발생 위험도가 70퍼센트 증가했다.[10] 앞에서 이야기한 것처럼 건강 염려증은 꾀병이 아니다. 지나치게 걱정하느라 받는 스트레스 때문에 실제로 심장에 무리가 갈 수 있다.

건강 염려증이 심한 이들에게 삶의 목표를 물으면 보통 '건강하게 오래 사는 것'이란 답을 한다. 누가 건강하게 오래 살고 싶지 않겠는가. 그런데 아이러니는 건강하게 오래 사는 것에 너무 집착하면 미래의 건강에 부정적 영향을 미칠 수 있다는 점이다. 무엇보다 과도한 미래 불안은 오늘에 대한 몰입을 방해한다. 최악의 시나리오로 갈 수도 있는 것이다. 현재는 행복하지 않고 미래는 불안하고 건강도 잃는 일이 벌어질 수 있다.

건강 염려증이 심한 경우 건강하게 오래 사는 것은 불가능하다고 답변을 할 때가 있다. 나이에 비해 상대적으로 건강할 수 있겠지만 아예 노화를 역행하고 젊음을 유지하는 것은 팩트 체크를 해보면 불가능한 일이다. 불가능한 목표를 노력해서 이룰 수 있는 것으로 설정하면 삶이 피곤해지고 부작용이 일어난다.

'합법적 테두리 안에서 최대한 오늘을 즐기며 살라'고 말한다. 지나친 건강 염려증은 오늘을 제대로 살아가는 데 방해가 되고 건강하게 오래 사는 데 오히려 방해가 되기 때문이다.

우리 몸을 컴퓨터에 비유한다면 마음은 소프트웨어, 뇌는 하드웨어에 해당한다. 우리 머릿속에 생물학적 컴퓨터 시스템이 있는 셈이다. 이 정교한 시스템을 작동시키기 위해서는 에너지가 필요하다. 심장이 뇌 가까이 있는 이유도, 상대적으로 적은 무게에 비해 엄청난 에너지를 요구하는 뇌에 에너지가 담긴 혈액을 효율적으로 공급하기 위해서일 것이다. 실제로 심장이 한 번 펌핑할 때 20~25퍼센트의 혈액이 뇌로 공급된다.

그런데 에너지 소모량이 많다는 것은 그만큼 빨리 지칠 수 있다는 말이기도 하다. 운동을 하면 근육이 금방 피로해지는 것처럼 말이다. 그런데 우리는 뇌가 24시간 지치지 않고 꾸준히 작동하기를 기대한다. 그래서 뇌가 지쳐 집중력이 떨어졌을 뿐인데 내가 혹시 치매가 아닌지, 뇌 훈련을 더 해야 하는 것은 아닌지 걱정하곤 한다.

정신적·사회적·경제적으로 대전환이 이루어지고 지나치게 빨리 변하는 세상에서 우리가 무기력감을 느끼는 것은 어쩌면 당연한 일일지 모른다. 인간의 두뇌는 이 정도의 불확실성을 감당할 수 있는 기관이 아니다. 무기력감을 느낄 수밖에 없는 상황을 받아들이고 정신건강을 관리하는 전략을 다시 세워야 할 시기다.

# 환경적 요인:
# 세상 앞에서 나는 무력하다는 느낌

### 반복된 실패가 남긴 것

세계보건기구는 지난 2023년 5월, 4년 3개월 만에 사실상 팬데믹 종식을 선언했다. 영국 왕립정신의학회 에이드리언 제임스 회장은 코로나19를 '제2차 세계대전 이후 가장 큰 정신건강상의 충격'이라고 설명했다. 거의 전쟁 수준의 에너지 소모를 겪고 난 뒤 후유증이 발생하는 것은 너무도 당연한 수순이다.

앞서 팬데믹 기간은 전 지구인을 대상으로 대규모 심리 실험이 이루어진 시기였다고 언급했다. 원래대로라면 윤리 문제로 불가능했겠지만, 동일한 시기에 전 세계 인구가 같은 원인으로 스트레스를 받고 어떻게 대응하는지 살펴볼 수 있는 기간이었다.

팬데믹 시기의 심경 변화를 잘 설명해주는 이론이 미국 심리학자 마틴 셀리그먼Martin Seligman이 제시한 '학습된 무기력 learned helplessness' 이론이다.[11] 1960년대 후반에 발표되어 무기력에 관련된 유명한 연구 중 하나로 손꼽히는 이 연구는 반복적으로 통제 불가능한 스트레스에 노출된 동물과 인간이 결국 자신이 처한 상황을 개선하려는 시도를 포기하게 된다는 것을 보여줬다.

셀리그먼은 동물을 대상으로 한 실험에서, 특정 집단은 도망갈 수 없는 상황에서 전기 충격을 반복적으로 경험하게 했다. 이 집단의 동물들은 결국 도망가기를 포기하고, 나중에 도망갈 수 있는 상황이 되었음에도 그대로 전기 충격을 받아들였다. 이는 학습된 무기력의 전형적인 예다.

팬데믹 시기에 전 세계인의 처지는 전기 충격을 그대로 받아들여야 하는 피실험동물의 상황과 유사했다. 어떤 통제든 극복할 수 없었고, 스스로 어려움을 돌파할 만한 능력과 기회가 충분한데도 무기력감에 빠져 그것을 활용할 수 없었다. 시험에서 반복적으로 낮은 점수를 받은 학생이 결국 자신은 아무리 해도 안 된다는 생각에 빠져 학습에 대한 동기를 잃고 노력을 멈추게 되는 상황과도 같다.

이처럼 학습된 무기력은 사람들이 통제할 수 없는 부정적 경험을 반복적으로 겪으면서 생겨난다. 그 결과, 사람들은 그 상황을 더 이상 통제할 수 없다고 믿고 아무런 시도를 하지 않게 된다.

## 팬데믹의 끝은 정신건강의 위기

팬데믹이 끝나고 대부분 일상으로 돌아왔는데도 여전히 사람들의 마음은 회복되지 않는 모습이다. 아니, 오히려 급속하게 악화되고 있다. 일찍이 많은 의료 전문가가 팬데믹 이후 정신건강 문제를 예측하고 경고한 바 있다.

통상적으로 국가적 재난이 터졌을 때보다 회복기에 들어서면 우울, 불안, 무기력 등의 정신건강 문제가 심각해진다. 재난이 터진 당시에는 그 상황에 적응하고 대응하는 데 몰입하다가, 회복기에 들어서면 오히려 축적된 무기력감과 우울감이 폭발하면서 후유증이 시작되기 때문이다. 그에 비례해 자살률도 높아진다. 실제로 동일본 대지진 당시에도 재난이 일어난 첫해나 이듬해보다 3년째 해에 자살률이 급증했다.[12] 우리나라도 최근 자살률이 급격하게 증가하는 추세다. 2024년 1월 자살 사망자 수는 1,333명으로, 전년 같은 달 대비 약 32퍼센트나 늘었다.[13] 팬데믹 기간이던 2021년 1월이 998명, 2022년 1월이 1,004명, 2023년 1월이 987명이었던 점과 비교하면 눈에 띄게

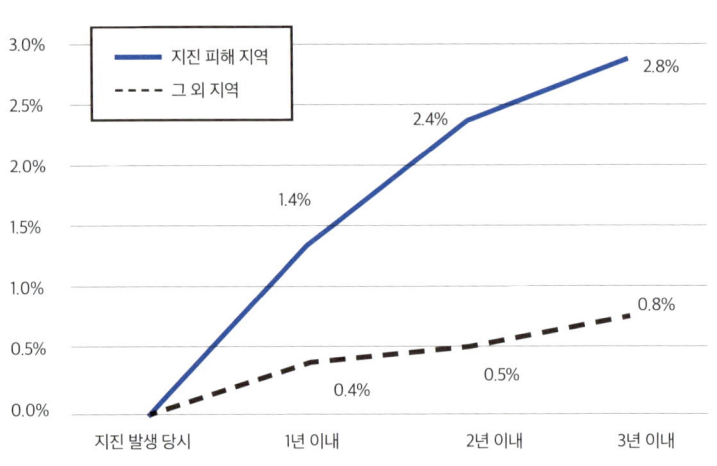

동일본 대지진 이후 3년 동안 자살률 증가 추이

출처: 엘스비어 ELsevier (2018)

늘어난 수치다. 아직 집계되지 않았지만 2024년 자살 사망자 수는 더 치솟을 것으로 예상되며, 많은 전문가가 자살 증가 문제를 '국가적 위기'로 진단한다.

그런데 사실 팬데믹 이전에도 개인의 정신건강은 한계에 다다른 상황이었다. 산업, 기술, 정치, 사회 등 모든 영역이 대전환의 시기를 지나고 있기 때문이다. 변화는 기회의 발판이기도 하지만 뇌에는 스트레스로 작용한다. 에너지 소모가 극심한 것이다. 일과 삶의 불균형, 치열한 경쟁 체제, 부의 양극화 등으로 스트레스가 극에 달했다. 여기에 팬데믹으로 고립과 단절이 심화되고 개인의 노력으로 통제할 수 없는 상황에 장기간 노출되면서 사람들은 분노의 감정을 넘어 무기력감과 우울감을 느끼는 단계에 이르게 된 것이다.

정신건강의학계에서는 팬데믹이 미치는 영향을 총 4단계 파고로 나눈다. 코로나19로 감염자 및 사망자가 증가하는 1차 파고1st wave가 가장 먼저 찾아오고 이후 의료 자원이 고갈되면서 코로나19가 아닌 다른 질환을 겪는 사람들의 의료 관리에 문제가 생기며 2차 파고2nd wave가 온다. 그다음 단계로 만성질환자들의 건강관리 부족 문제가 생기면서 3차 파고3rd wave가 찾아온다.

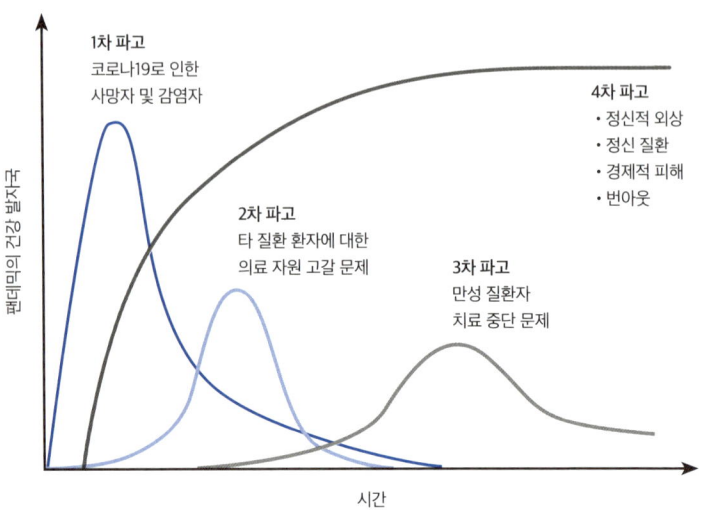

출처: 더 컨버세이션(2022)

　다행히 3차 파고까지는 코로나19가 종식되어가면서 전반적으로 줄어든다. 문제는 4차 파고 4th wave다. 재난 이후 지금처럼 자살률이 급증하는 것을 4차 파고로 설명한다.

　팬데믹이 끝나며 마음도 회복되고 정상적으로 일상에 복귀할 것이라는 예상과 달리 4차 파고 이후에 몇 년간 쌓인 정신건강의 대위기가 찾아온다.[14] 코로나19 시기에 치열한 전투를 벌였기 때문에 후폭풍으로 무기력증이 수년간 지속적으로 증가한다. 마치 사활을 걸고 중요한 프로젝트 업무를 마친 뒤 무기력증이 찾아오는 것과 유사한 상황이다.

코로나 팬데믹은 종식되었지만 안타깝게도 '무기력 팬데믹'은 이제부터 시작이다. 팬데믹의 사전적 정의는 사람들이 면역력을 갖고 있지 않은 질병이 전 세계에 확산되는 것이다. 무기력에 대한 마음 면역 시스템이 마련되지 않은 상태에서 개개인의 정신건강에 적신호가 켜진 현재 상황 역시 무기력 팬데믹이라고 설명할 수 있다.

앞으로 환경 변화에 따른 부적응 문제, 팬데믹 기간에 생긴 트라우마, 회복기에 느끼는 상대적 박탈감 등이 폭발하면서 향후 최소 3년은 개인이 느끼는 심리적 문제는 더욱 심화될 것으로 예상된다. 이제 무기력 팬데믹을 극복하는 것이 또 다른 과제가 된 것이다.

## 회복 탄력성의 부재

코로나19 팬데믹이 끝난 2022년 《하버드비즈니스리뷰Harvard Business Review》에서 새해를 맞아 독자들에게 그해의 핵심 키워드가 무엇인지 물었다. 가장 많은 답변이 '회복 탄력성resilience'이었다. 그만큼 강력한 압박 속에서 한 해를 보냈다는 뜻이기도 하다.

덕분에 스트레스와 함께 이를 극복하는 회복 탄력성에 대한 연구도 활발히 이루어졌다. 회복 탄력성의 어원은 '다시 뛰어오른다'라는 뜻을 지닌 라틴어 '리실리오resilio'로, 용수철처럼 제자리로 되돌아온다는 의미다. 다시 말해 회복 탄력성이란 시련이나 고난을 이겨내는 힘을 뜻한다.

그런데 팬데믹 이후 그 의미가 변화했다. 단순히 원래 상태로 되돌아간다는 의미 이상으로 '새로운 시스템으로의 변화와 적응'으로 그 뜻이 확장되고 있다. 예를 들어 심리적 스트레스 혹은 사회적 재난 상황에 처했을 때 기존 상태로 정상화되는 것을 넘어 보다 안정적이고 지속 가능한 시스템으로 전환된다는 것을 뜻한다고 할 수 있다.

회복 탄력성은 개인이 변화와 스트레스를 경험할 때 단순히 기존 상태로 회복되는 것이 아니라, 그 경험을 통해 새로운 기술, 관점 혹은 강점을 개발하는 과정을 포함한다. 이는 마치 단순히 이전 상태로 돌아가는 것이 아니라 더 강해지고 발전된 상태로 나아가는 것과 같다.

이러한 관점은 특히 복합적 스트레스나 장기적 도전에 직면할 때 더욱 중요하게 작용한다. 예를 들어 회복 탄력성이 높은 사람은 심각한 개인적 위기나 실패를 경험한 뒤에 단순히 상처를 회복하는 데 그치지 않고, 그 경험을 통해 더욱 성숙해지거나 새로운 능력을 습득할 가능성이 크다.

따라서 회복 탄력성은 변화와 성장에 대한 적극적인 대응 능력으로 볼 수 있으며, 이는 개인의 삶에 긍정적 변화를 가져오는 중요한 요소다.

스트레스 상황에 놓이면 자기 감찰이 심해진다. 자기 자신에 대한 객관적 판단을 내릴 수 있는 능력은 중요하지만 자기 감찰이 심해지면 긍정적인 내적 에너지를 회복하는 데 방해가 된다. 같은 상황도 '내가 부족해서 그런 거겠지', '나를 싫어하는 거겠지' 하는 식으로 부정성이 강해진다.

무기력 팬데믹에서 긍정성을 회복하기 위해 가장 필요한 것이 바로 회복 탄력성이다. 회복 탄력성은 마음의 근육 역할을 하며 어떠한 어려움이나 역경이 닥쳐도 헤쳐나갈 수 있는 기반이 되어준다. 근력을 키우기 위해 운동을 하는 것처럼 회복 탄력성을 키우기 위해서도 평소 감사 일기를 쓰거나 자신의 강점을 칭찬하는 등 내면의 긍정성을 높이는 꾸준한 훈련이 필요하다.

## 미세 스트레스가 쌓이고 있다

안타깝게도 과거에 비해 무기력과 번아웃이 증가할 수밖에 없는 환경적 요인이 늘어나고 있다. 미세 먼지 같이 일상의 소소한 불쾌감을 뜻하는 미세 스트레스microstress[15]부터 인공지능의 발달, 기후변화 등 통제 불가능한 다양한 상황이 사람들의 정신건강을 위협한다.

먼저 미세 스트레스에 대해 알아보자. 미세 스트레스란 2023년 미국의 경영 전문가 롭 크로스Rob Cross와 캐런 딜런Karen Dillon이 만든 개념으로, 작은 스트레스 요인이 누적되어 큰 문제를 일으키는 현상을 말한다.

회사에서 퇴근 시간 30분 전에 도착하는 메일, 사소한 말다툼이 벌어지는 가족 단톡방 등 우리는 개인적이든 직업적이든 일상에서 사소한 스트레스를 수없이 받는다. 차라리 내 마음이 인지할 수 있는 크고 굵직한 스트레스라면 친구와 허심탄회하게 이야기하거나 구체적인 전략을 통해 개선할 생각을 할 것이다. 그런데 미세 스트레스는 쉽게 인지하지 못한다는 것이 특징이다.

별것 아닌 것처럼 느껴지기도 하고 보통 인지하기 어렵지만, 미세 스트레스가 쌓이면 장기적으로 큰 영향을 미칠 수 있다. 미세 먼지가 기도에서 걸러지지 않고 폐 깊숙이 침투하는 것처럼 미세 스트레스 역시 인식하지 못하는 사이에 우리 안에 침투해 몸과 마음을 병들게 한다.

진료실을 찾은 어느 중년 여성은 식당이나 카페에서 키오스크로 주문해야 하는 것이 스트레스라고 이야기했는데, 이처럼 일상생활에서 불편함을 유발하는 것이 모두 미세 스트레스가 될 수 있다.

물론 이런 사소한 스트레스를 받지 않는 건 불가능하지만, 내 안에 스트레스가 쌓이고 있다는 걸 의식하고 관리해줄 필요가 있다. 몸과 마음에 증상이 나타난 다음에 대처하려고 하면 더 힘들어지기 때문이다.

## 무력감을 더하는 인공지능의 발달

자율 주행 자동차부터 AI 상담 챗봇까지 인공지능 기술이 우리의 일상과 산업 전반에 깊숙이 자리 잡고 있다. 그런데 이런 인공지능의 발달이 인간의 무기력을 더욱 악화시키기도 한다.

인공지능의 발전으로 많은 직업이 사라진다고 하니 직업과 미래에 대한 불안, 경제적 무력감을 느끼게 되는 것이다. 또 인공지능 기반 시스템에 대한 의존도가 높아지면서 자신의 능력에 대한 신뢰를 잃을 수도 있다. 인공지능이 더 신속하고 정확하다면 인간은 스스로 문제를 해결하려는 의지를 잃을 수 있는 것이다.

또 인공지능과의 상호작용이 증가함에 따라 사람 간의 직접적인 상호작용은 줄어들고, 그 때문에 고립감과 소외감을 느끼는 일도 많아지고 있다.

예를 들어보자. 최근 20대 남성이 생애 첫 취업 면접에서 막말이 튀어나와 당황했다고 고민을 털어놓았다. 자세히 들어보니 사람과 얼굴을 맞대고 한 면접이 아니라 인공지능과 진행한 면접이었다. 검은 스크린 뒤에 숨은 기계 앞에서 최선을 다해야 하는 상황 자체가 어이가 없어서 울화가 치밀었다는 것이다.

최근 인공지능이 면접 대상자의 표정, 몸짓 등 시각 정보, 단어 사용 등 언어 정보, 목소리 톤 등 음성 정보를 취합하고 분석해 회사에서 합격자를 결정하는 데 필요한 정보를 보조적으로 제공하는 예가 증가하고 있다. 더 나아가 아예 인공지능이 결정까지 내리는 인공지능 주도 면접도 존재한다.

인공지능이 개입된 인터뷰에서 면접자가 받는 스트레스가 증가할 수 있다. 특히 인공지능의 판단과 결정이 우월하다는 인식이 있는 경우 압박감이 더욱 커진다. 인간과의 연결 없이 인공지능만 대면하는 상황에서 면접자의 긴장도와 불안감이 더욱 증폭된다는 사실도 밝혀졌다.

앞의 예에서 막말이 튀어나왔다는 면접자의 심정도 이해가 된다. 면접은 면접관에게 잘 보이려는 마음이 클 수밖에 없는 자리인데, 그 대상이 기계라니 허탈한 마음도 생길 것이다. 면접관이 인공지능이면 나도 모르는 사이 기계에 동화되어 몸도 굳고 시선도 고정되는 등 기계처럼 행동하게 된다는 분석도 있다. 그래서 인공지능과 인터뷰를 할 때는 '인간다움'을 잘 유지하라는 웃지 못할 조언을 하기도 한다.

업무에 효율적으로 이용되어야 할 인공지능이 실제로는 업무량을 증가시키고 있다는 조사 결과도 나왔다. 미국 샌프란시스코의 취업 플랫폼 업워크Upwork에서 미국, 영국, 호주, 캐나다에 거주하는 근로자를 대상으로 진행한 조사에 따르면, 근로 사무자 중 77퍼센트가 '인공지능이 업무량을 증가시키고 있다'고 답했다.[16] 임원들은 인공지능이 마치 마법의 해결책이 될 것이라는 기대감에 직원들에게 인공지능 도입 관련 업무를 과도하게 지시하는데, 직원들은 이 때문에 오히려 업무가 과중해지고 번아웃을 겪는 악순환이 벌어지는 것이다.

이처럼 인공지능의 발달 같은 새로운 변화가 인간에게는 새로운 형태의 스트레스로 다가오고 있다.

## 기후변화가 정신건강에 끼치는 영향

전 세계가 폭염, 가뭄, 홍수 등으로 기후 재난에 시달리고 있다. 2024년 6월은 세계 평균기온이 역대 최고 수준을 기록했고 폭염 발생일도 가장 많았다. 이처럼 급변하고 있는 기후가 정신건강에 미치는 영향 역시 심각하다.

영국 옥스퍼드대학교와 스위스 취리히대학교 공동 연구 팀은 세계경제포럼에 세계 각국의 10개 이상 연구를 인용해 고온이 정신건강에 미치는 영향을 공식 발표하기도 했다. 며칠간 고온이 지속되면 자살 및 자살 시도, 폭력 범죄가 증가하며 주변 온도가 섭씨 1~2도만 올라가도 폭력 범죄가 3~5퍼센트 급증할 수 있다고 예측했다. 이는 공격성을 억제하는 세로토닌이

고온의 영향을 받기 때문이다. 2090년까지 기후변화로 전 세계적으로 모든 범주의 범죄가 최대 5퍼센트까지 증가할 수 있다고 경고했다.

계절성 우울증이 발현되는 시기도 달라지고 있다. 보통 계절성 우울증이 많이 발생하는 시기는 겨울이었다. 온도가 낮고 최고의 자연 항우울제인 일조량이 줄어들기 때문이다. 그런데 기후와 마음 건강에 관한 최근 해외 연구 결과를 보면 여름철에 집중력 저하, 우울, 불안 그리고 불면 등 정신건강 문제가 증가하고, 이에 관련된 병원 입원도 늘어났다고 한다.

특히 인지 기능이 저하된 치매 환자나 망상처럼 현실 판단력이 떨어지는 증상이 있는 경우 고온 스트레스에 더 취약할 수 있다. 고온 스트레스 때문에 감정을 조절하는 것이 쉽지 않고, 복용하는 약물에 따라 온도 조절에 영향을 주는 등 더위에 대처하기가 더 어렵다.

고온에서 땀을 많이 흘리고 수면도 부족하다 보면 뇌에 피로감이 찾아온다. 사람의 뇌가 피로하면 날카로워지고 짜증이 난다. 자극 예민도가 증가하는 것이다. 같은 스트레스에도 불안, 우울, 분노 등의 감정이 더 강하게 일어난다. 심한 경우에는 높은 온도가 자극에 대한 예민도를 증가시켜 자살 시도 및 타인에 대한 공격적 행동으로 이어질 수도 있다.

　미세 먼지가 우울증 증가와 연관이 있다는 증거 역시 쌓이고 있다. 추정되는 원인으로는 미세 먼지에 지속적으로 노출되었을 때 비정상적 염증 반응 등이 일어나 뇌에 구조적, 기능적 문제가 생기고 우울증으로 이어진다.

　미세 먼지 때문에 외부 활동 시간이나 대인 관계가 줄어들거나 일조량 감소로 생체 리듬에 불균형이 생기는 것도 우울증이 증가하는 이유로 여겨지고 있다. 심한 미세 먼지에 노출되었을 때 우울증 환자의 극단적 선택이 증가했다는 우리나라의 연구 결과도 있다.

　이런 여러 요소 때문에 세상이 나를 무기력하게 만드는 것처럼 느껴질 때가 있다. 이는 많은 사람이 느끼는 보편적 감정이다. 현대사회의 치열한 경쟁과 스트레스가 우리를 압박하는 것은 물론 넘쳐나는 정보로 과부하가 걸리기도 한다. 코로나19 팬데믹이나 전쟁, 기후 환경, 자연재해 등이 일어나면 내가 상황을 바꿀 수 없다는 생각에 더욱 무기력해진다.

　하지만 자신이 통제할 수 있는 부분에 집중하고, 작은 변화부터 시작함으로써 무기력에서 벗어나 자신의 삶에 대한 통제력을 되찾을 수 있다. 자기 공감과 행동 활성화, 삶의 의미를 찾고 가치를 추구하며 사회적 연결을 강화하는 등 구체적인 실천 방안에 대해서는 뒤에서 자세히 알아볼 것이다.

# 무기력의 또 다른 얼굴

### 건망증이 심해졌다면 우울증일 수 있다

무기력은 우리가 생각하는 것보다 더 다양한 모습으로 나타난다. 나는 강연을 할 때 이런 질문을 던지곤 한다.

"작년보다 올해 뭐든 더 잘 외워지는 분 있습니까?"

그러면 손을 드는 사람이 없고 서로 쳐다보며 웃기만 한다. 한번은 어떤 분이 당당하게 손을 들기에, 반가운 마음에 "요즘 정말 잘 외워지세요?"라고 재차 물었다.

"아, 외롭냐고 묻는 줄 알았는데….."

'외워지세요?'를 '외로우세요?'로 잘못 들은 것이다. 좌중에 폭소가 터졌지만 한편으로는 씁쓸한 마음이 들었다.

그건 그렇고, 무기력을 얘기하는데 왜 기억력에 대해 물을까? 건망증이 무기력의 대표 증상이기 때문이다. 20~30대 젊은이들 중에도 건망증이 심해졌다며 "저 혹시 치매인가요?" 하고 걱정하는 이도 적지 않다. 그런데 부쩍 기억력이 나빠졌다면 우울증은 아닌지 먼저 점검해봐야 한다. 우울감이 심하면 기억을 저장하고 인출하는 데 쏟는 에너지가 쉽게 고갈되기 때문에 사고의 흐름이 매우 느려진다. 인지 기능이 제 역할을 다하지 못하면서 집중력과 기억력이 감퇴될 수밖에 없다.

특히 중년 여성 중에 "오늘도 냄비를 태웠어요", "에어컨을 끄지 않고 나왔어요"라며 건망증을 호소하는 이들이 많다. 스스로 치매가 아닌지 걱정하지만 대부분이 자녀가 독립해서 나간 이후에 허탈함을 느끼는 빈둥지증후군이나 갱년기 전후로 느끼는 공허함, 우울감이 원인인 경우가 많다.

## 무기력이 불면증을 유발한다

부쩍 불면증이 심해졌다면 이 역시 무기력이 원인일 수 있다. 수면 메커니즘에는 두 축이 존재한다. 하나는 깨우려는 '각성 파워'이고, 다른 하나는 긴장을 낮춰 재우려는 '수면 파워'다. 아침에 일어난 직후에는 몽롱하다가도 점점 각성이 되면서 정신이 또렷해진다. 기상 후에 각성 파워는 점차 증가하고 수면 파워는 감소하기 때문이다.

그런데 무기력으로 지친 뇌는 불안, 걱정 등 부정적 감정을 더 많이 불러일으켜서 밤에 오히려 뇌의 각성 파워가 강해진다. 심지어 잠자리에 누우면 부정적 감정이 더 커지고, 그런 감정은 아예 뇌 회로에 들어가 빙빙 도는 반추 현상까지 일으킨다. 뇌가 지치고 무기력하다 보니 거꾸로 밤에 각성 파워가 커져 '피곤한데도 잠이 오지 않는' 역설의 괴로움을 경험하는 것이다.

반대로 불면증이 무기력으로 이어질 수도 있다. 불면증이 지속되면 몸과 마음이 충분히 회복되지 않기 때문이다. 무기력과 불면증은 서로 영향을 주고받는 관계이므로 적절한 치료와 관리로 두 가지 증상을 동시에 개선하는 게 중요하다.

무기력감을 느끼는 사람 중에 몸이 피곤해서인가 싶어 활동량을 줄이고 휴식을 취했는데 에너지가 되살아나지 않아 당황스럽다고 호소하는 경우가 있다. 무기력과 피로감은 종종 혼동될 수 있지만, 둘 사이에는 중요한 차이점이 있다.

피로는 주로 신체적 에너지 부족과 관련이 있으며, 충분한 휴식과 수면으로 회복될 수 있는 상태를 말한다. 반면 무기력은 단순한 피로를 넘어, 동기와 의욕이 전반적으로 떨어진 상태를 말한다. 무기력은 에너지가 부족할 뿐만 아니라, 일상적 활동에 대한 흥미나 동기가 사라지는 것이다.

따라서 몸이 아닌 마음이 피로해 무기력감이 찾아온 경우에는 침대에 누워만 있는다고 해결되지 않는다. 무기력은 단순한 피로와는 다른 복합적 상태이므로, 이를 개선하기 위해서는 자신의 상태를 잘 이해하고 적절한 대응책을 찾는 것이 중요하다.

## 에너지가 고갈되면 회피하고 싶어진다

진료실을 찾아오는 이들 중에는 당장 회사를 그만두겠다고 말하거나 아예 사표를 써 오는 사람도 있다. 이처럼 현재 상황에서 자꾸만 벗어나고 무조건 회피하려 하는 것도 무기력의 대표적인 증상이다. 이를 '심리적 회피 반응'이라고 한다. 무기력에 빠지면 어디론가 멀리 떠나고 싶은 심리적 회피 반응이 찾아올 수 있다. 일에서 멀어지고 싶은 마음이 커지면 지구를 떠나고 싶은 생각마저 든다.

이런 경우 나는 "사표는 고이 넣어두시라"고 말한다. 번아웃 상태라면 중요한 결정은 뒤로 미루어야 한다. 무기력은 '지금 여기 here and now'를 더 부정적으로 인식하게 하고, 모든 걸 내던지고 어딘가로 훌쩍 떠나고 싶게 만든다. 하지만 이때 진짜 떠나버리면 대부분은 후회하고 오히려 스트레스가 더욱더 커진다. 도망친 곳에 천국은 없다는 말이 있다. '저기'가 좋아서 가는 것이 아니라 '여기'가 싫어서 떠나는 것이라면, 혹시 내 마음이 지쳐서 그런 것은 아닌지, 그냥 현실을 회피하고 싶은 건 아닌지 한발 떨어져 살펴보는 여유가 필요하다.

지금까지 무기력이 어떤 이유로, 어떤 모습으로 찾아오는지 알아보았다. 이렇게 나를 점령해버린 무기력에서 벗어날 수 있을까? 물론 가능하다. 이 책에서 제시하는 디톡스 방법을 따라 해보면서 마음이 활성화되는지 잠시 지켜보는 것도 좋다. 작은 해법으로 의외로 큰 변화가 일어날 수도 있다. 물론 스스로 통제할 수 없고 상태가 아주 심각하다면 정신과 전문의나 심리상담사 같은 전문가를 찾는 것이 좋다.

"심리적, 육체적 요인이야 스스로 바꿔보더라도 환경적 변화를 개인이 바꿀 수는 없지 않나요?"라고 말하는 사람도 있을 것이다. 그러나 환경을 직접 바꾸긴 어렵더라도 그 환경을 어떻게 받아들이고 해석하는지에 따라 무기력이 개선될 수 있다. 이것을 '인지적 재구성cognitive restructuring'이라고 한다.

중요한 것은 내가 통제할 수 있는 부분에 집중해서, 이를 통해 조금씩 변화를 만들어가는 것이다.

**[ Key Point ]**

- 무기력에는 우울증이나 불안 장애 같은 정신적 요인, 만성피로, 수면 부족 등 신체적 요인, 팬데믹 같은 환경적 요인 등이 복합적으로 작용한다.

---

- 통상적으로 국가적 재난이 수습되고 난 회복기에 자살률이 급증하고 정신건강 문제가 심각해지는데, 팬데믹 이후 그 후유증이 본격적으로 시작되고 있다.

---

- 몸과 마음은 연결되어 있기에 정신건강 트렌드가 마음을 다스리는 '마음챙김'에서 몸을 함께 돌보는 '양쪽 챙김'으로 확대되고 있다.

---

- 건망증이나 불면증, 회피 심리 등도 무기력해서 나타나는 증상일 수 있다.

> 스페셜 | 디톡스

# 번아웃 자가 진단법

번아웃을 측정하기 위해 가장 많이 사용하는 매슬랙 번아웃 인벤토리 Maslach Burnout Inventory, MBI를 소개한다. 이 검사는 번아웃을 탈진, 냉소, 능률이라는 세 가지 섹션으로 측정한다. 세 영역에서 모두 고위험군에 속한다면 번아웃이라 볼 수 있다. 예를 들어 탈진 섹션에서 고위험군이 나와도 나머지 섹션이 정상이라면 번아웃은 아니다. 아래 기준에 따라 각 항목에 점수를 매겨보자.

| 전혀 아니다 | 0점 |
| --- | --- |
| 1년에 몇 번 그렇다 | 1점 |
| 한 달에 한 번 그렇다 | 2점 |
| 한 달에 몇 번 그렇다 | 3점 |
| 일주일에 한 번 그렇다 | 4점 |
| 일주일에 몇 번 그렇다 | 5점 |
| 매일 그렇다 | 6점 |

### 섹션 A — 탈진

| | |
|---|---|
| 1. 직장에서 진이 빠진다. | |
| 2. 직장 사람들과 온종일 일하는 데 꽤 많은 노력이 필요하다. | |
| 3. 업무가 나를 망가뜨리는 것 같다. | |
| 4. 업무 때문에 좌절을 느낀다. | |
| 5. 지나치게 열심히 일하는 것 같다. | |
| 6. 사람들과 직접 접촉해서 일하는 건 나에게 큰 스트레스다. | |
| 7. 밧줄 끝에 매달려 있는 것 같은 기분이 든다. | |
| 합계 | |

**섹션 A 결과**
17점 미만: 이상 없음  18~29점: 경증·중증도  30점 이상: 고위험

### 섹션 B — 냉소

| | |
|---|---|
| 1. 업무상 대해야 하는 사람들이 물체처럼 느껴진다. | |
| 2. 아침에 일어났을 때 피곤하고 매일 또 출근해야 한다는 생각이 부담스럽다. | |
| 3. 업무상 대해야 하는 사람들이 나에게 문제를 해결해달라고 말하는 듯한 느낌을 받는다. | |
| 4. 업무가 끝날 때 내 인내심이 한계에 다다른다고 느낀다. | |
| 5. 일한 이후로 사람들에게 무관심해졌다. | |

| | |
|---|---|
| 6. 이 일이 나를 무정한 사람으로 만든 것 같아 무섭다. | |
| 합계 | |

**섹션 B 결과**
5점 미만: 이상 없음   6~11점: 경증·중증도   12점 이상: 고위험

### 섹션 C — 능률

| | |
|---|---|
| 1. 일하면서 많은 가치 있는 것들을 이룬다. | |
| 2. 에너지가 가득 차 있다. | |
| 3. 업무상 대해야 하는 사람들이 원하는 게 뭔지 쉽게 이해한다. | |
| 4. 업무상 대해야 하는 사람들의 문제를 아주 효율적으로 다룬다. | |
| 5. 업무 중 감정적인 문제를 잘 다룬다. | |
| 6. 자신이 일을 통해 사람들에게 긍정적인 영향을 끼친다고 느낀다. | |
| 7. 업무상 대해야 하는 사람들과 있을 때 쉽게 편안한 분위기를 만들 수 있다. | |
| 8. 업무상 대해야 하는 사람들과 있을 때 기분이 좋아진다. | |
| 합계 | |

**섹션 C 결과**
40점 이상: 이상 없음   34~39점: 경증·중증도   33점 미만: 고위험

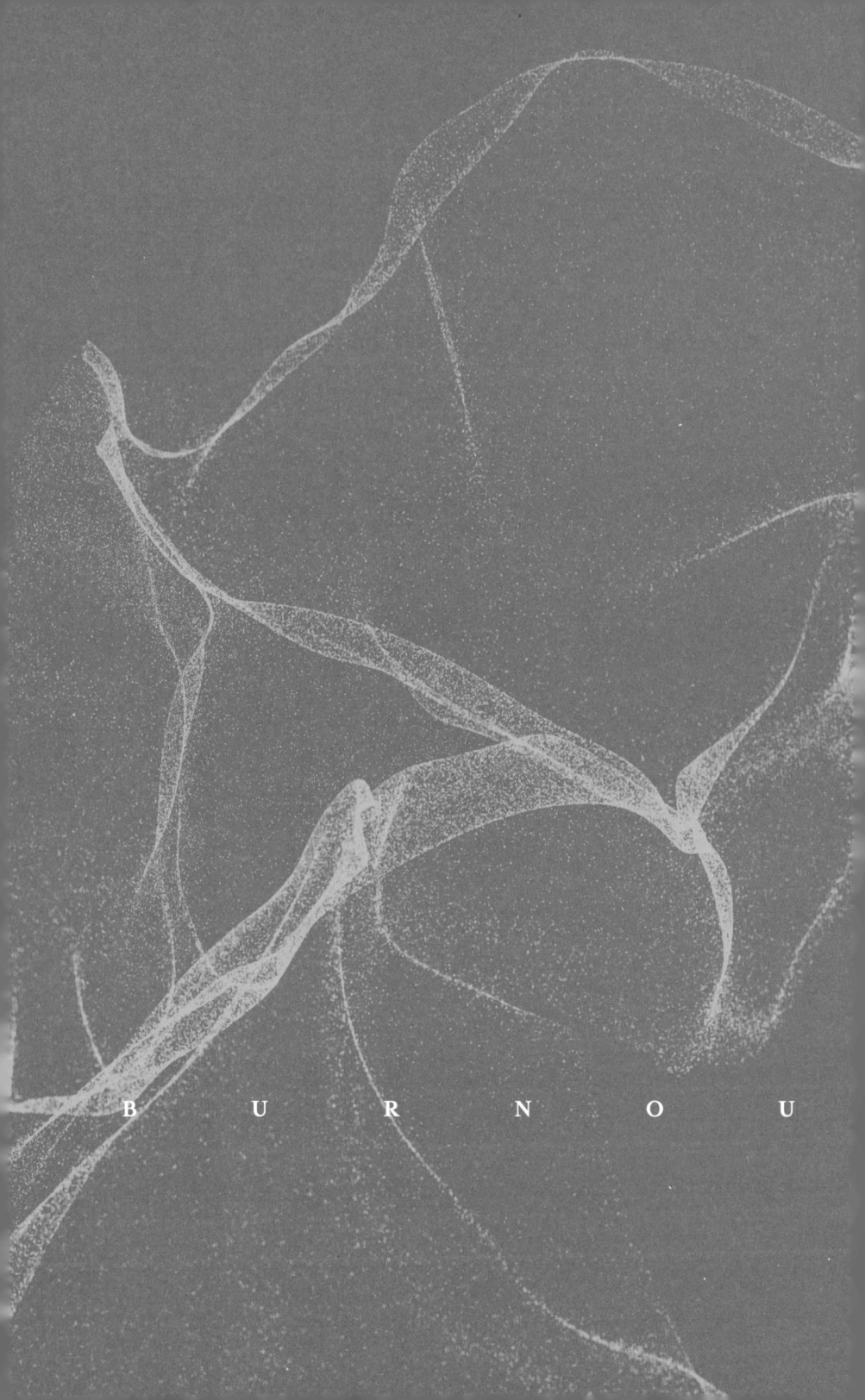

# 2장

## 마음에 시동을 거는 기술, 마인드 부스팅

DETOX

# 무기력한 마음을 활성화시키려면

### 마인드 컨트롤의 시대는 지났다

한번은 진료실에 유명 배우가 찾아왔다. 40대인 그는 20대 이후로 이런 걱정을 한 것은 처음이라며 고민을 토로했다. 세상이 급변하는데 어떻게 현명한 결정을 할 수 있을지, 어떻게 먹고살지에 대한 걱정이 끝없이 맴돈다고 했다. 뾰족한 해결책이 보이지 않는 답답한 상황이 불러온 우울과 무기력이 그를 점령한 듯했다. 겉으로 화려해 보이는 배우도 이렇게 내면에서는 보통 사람들과 다를 바 없는 문제로 고군분투한다.

그 배우는 최근 들어 "이런 때일수록 힘을 내야 해. 최선을 다해. 여기서 멈추면 안 돼"라며 자신을 밀어붙이고 있었다. 긍정적으로 생각하려고 노력하는데 그게 마음처럼 되지 않아 더 힘들고 좌절감을 느낀다고 했다.

그는 자신이 '인지 부조화cognitive dissonance'에 빠진 것 같다고 했는데, 충분히 그럴 수 있는 상황이었다. 인지 부조화란 생각과 상황이 일치하지 않아 마음이 불편한 상태를 이른다. 감정적으로는 힘이 들고 지치는데, 긍정적으로 바꾸려고 억지로 제어하다 보니 내면에는 부정적 감정이 더욱 응축되어 쌓일 수밖에 없다.

이처럼 자신의 생각과 감정을 스스로 통제하고자 하는 것을 다들 알다시피 '마인드 컨트롤'이라고 한다. 마인드 컨트롤 자체는 잘못된 기법이 아니다. 우리가 학창 시절부터 시작해 사회생활을 하면서도 높은 목표를 달성하기 위해 꾸준히 교육받고 연습해온 익숙한 기법이기도 하다.

마인드 컨트롤은 여전히 중요한 심리 기술이다. 삶을 잘 꾸려나가려면 내 마음을 관리하기 위해 마인드 컨트롤부터 배워야 하는 것도 맞다.

그러나 내 마음을 통제하는 것이 생각처럼 쉬운 일이 아니다. 무기력하고 부정적인 감정에 압도당한 상태에서 마인드 컨트롤이 지나치면 더 큰 스트레스로 다가올 수 있다. 힘든 상황을 극복하고 의욕을 가져야 하는데, 그렇지 못하니 오히려 스트레스가 커지는 것이다. '내 마음 하나 통제하지 못하다니, 내가 정말 한심해'라는 생각이 들면서 마음이 지치고 회복 탄력성은 더욱 떨어진다.

과도한 마인드 컨트롤은 오히려 마음 에너지를 지나치게 소모해서 번아웃이 장기화되며 슬럼프까지 일으킬 수 있다. 그런 이유로 번아웃을 겪는 상태에서 무기력한 상황을 극복하려고 할수록 오히려 역효과가 난다.

## 극복하는 힘보다 버티는 힘

무기력이 반복되고 있다면 의욕이 없는 자신을 몰아세우고 이 상황을 '극복'하는 데만 초점을 맞추고 있는 것은 아닌지 점검해볼 필요가 있다. 예를 들어 팬데믹 기간을 정말 어렵게 버텼는데 언제 이 어려움을 극복할 수 있을지, 극복하지 못하고 있는 자신이 비정상은 아닌지 걱정하는 사람도 많았다. 하지만 팬데믹 같은 국가적 재난을 극복하기 위해서는 최소 3~5년의 시간이 필요하다.

그런데 극복이란 대체 뭘까? 여러 가지 개념으로 설명할 수 있겠지만, 이 책에서는 '마음이 매우 동기부여highly motivated된 상태'라고 정의 내리려 한다. 그럼 동기부여가 되어 있다는 것은 무슨 뜻일까?

이렇게 예를 들어보자. 화창한 가을날 점심을 먹은 뒤 창밖을 바라본다. 자연스럽게 감정이 먼저 '가을이라 하늘이 예쁘네'라고 느낀다. 뒤이어 '그럼 한번 나가볼까?'라는 생각이 든다. 이런 식으로 감정에서 생각 순으로 저절로 움직이는 상황이 바로 동기부여된 상태다. 이렇게 마음이 동기부여가 되면 나가지 말라고 해도 나가고 싶다.

반면 감정이 우울하고 무기력하면 '나가긴 뭘 나가. 피곤하고 다 귀찮아'라고 생각하게 되고, 그러면 행동으로 이어지기 어렵다. 일도 공부도, 다른 모든 일이 마찬가지다. 동기부여만 되면 자신이 하는 일에 대한 만족도가 높아지고 몰입도 잘된다.

극복이나 회복은 과거에 의욕 넘치는 그 시절로 마음을 되돌리려는 것이다. 또는 긍정적인 마음으로 조정하려는 노력이다.

그러나 정신건강 관리의 제1원칙은 바로 '내 마음이 내 마음대로 되지 않는다'는 사실을 받아들이는 것이다. 특히 무기력한 상황에서 억지로 마음을 긍정적으로 돌리려고 정면 대결하면, 이미 에너지는 떨어질 대로 떨어져 있고 부정적인 감정은 증가된 상황이라 완전히 녹다운될 수 있다.

그러므로 무기력한 상황에서는 '극복해야 한다'는 생각보다 '견뎌낸다'는 마음을 갖는 것이 오히려 효율적인 전략이 될 수 있다. 아무것도 하기 싫고 앞으로 한 발짝도 나아가지 못하는 정체 상황처럼 보이지만, 그 상황을 그저 묵묵히 버티는 자세가 필요한 것이다.

묵묵히 견디는 태도와 더불어 중요한 것이 무기력한 마음을 디톡스로 활성화하는 것이다. 이제부터는 꺼진 마음에 시동을 거는 마인드 부스팅 전략을 4단계에 걸쳐 소개하려고 한다.

# 마인드 부스팅 1단계:
# 2차 스트레스의 길목을 막아라

## 스트레스를 증폭시키는 마음의 작용

무기력의 원인은 복합적이지만, 스트레스가 차지하는 부분이 무엇보다 크다는 건 부정할 수 없다. 괜히 현대인의 적이 스트레스라고 하는 게 아니다. 모두가 '고압적인 스트레스 상황 high pressure zone'에 직면해 있는 지금, 마인드 케어를 위해 가장 먼저 해야 할 것이 바로 스트레스 관리다.

그렇다고 해서 스트레스를 무조건 제로로 만들어야 한다는 건 아니다. 우리가 살면서 어느 정도의 스트레스는 피할 수 없는 것은 물론이고, 생존을 위해 긴장하고 위험에 대비하기 위해서라도 스트레스는 필요하다. 그래서 스트레스를 좀 나눠서 볼 필요가 있다.

미국의 사회학자 레너드 펄린Leonard Pearlin과 알렉스 비어먼Alex Bierman의 2013년 연구[1]를 보면 그 힌트를 얻을 수 있다. 이들은 개인이 경험하는 스트레스의 원천, 매개변수 및 결과를 체계적으로 이해하기 위해 스트레스 과정 모델을 정립했다.

이 모델에서는 스트레스의 원인을 1차와 2차로 나누었다. 스트레스를 불러일으키는 직접적인 사건이나 경험은 1차 스트레스 원인, 1차 스트레스 원인 때문에 유발되는 스트레스는 2차 스트레스다.

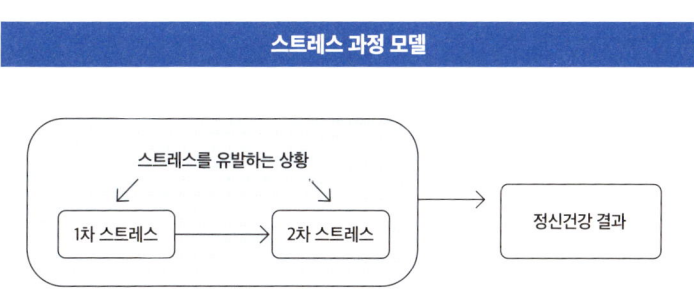

예를 들어 무기력이 심화되고 집중력이 떨어져 건망증이 생긴 것은 1차 스트레스다. 1차 스트레스는 사실 자연스러운 현상이다. 그런데 여기에서 더 나아가 '난 왜 이 모양일까. 남들처럼 집중도 못하고 한심하다'는 생각으로 증폭되는 것이 2차 스트레스다. 실제로 많은 사람이 살면서 자연스럽게 겪을 수 있는 무기력이나 우울감, 스트레스 때문에 자신을 탓하는 경우가 많다. 학생이나 부모, 취업 준비생이나 직장인 모두 마찬가지다.

1차 스트레스: 건망증으로 실수를 했다.
2차 스트레스: '난 왜 맨날 이 모양일까, 정말 한심하다'라고 생각하며 자괴감에 빠진다.

이런 상황을 어떻게 해석해야 할까? 심리적으로 여러 설명이 가능하겠지만 과도한 자기 인식 또는 자기비판 때문에 2차 스트레스가 증폭된 상태라고 해석할 수 있다.

직장에서 열심히 일한 나머지 번아웃과 무기력감을 느낀다면 이것은 1차 스트레스다. 하지만 번아웃은 병이 아니다. 오히려 자신이 열심히 살았다는 증거다. 그런데 이것 때문에 '나는 나약한 유전자를 지니고 있나 봐', '나는 정신을 좀 더 차려야 해'라는 식으로 과도한 자기비판을 하면 그때부터 2차 스트레스를 겪게 된다. 그리고 2차 스트레스가 과도하게 증폭되면 1차 스트레스보다 마음의 에너지가 고갈되고 회복 탄력성이 떨어지게 된다.

바로 여기에 스트레스 관리의 열쇠가 있다. 결국 스트레스를 잘 관리하기 위해서는 1차 스트레스가 2차 스트레스로 확산되지 않도록 조기에 막는 것이 관건이다.

## 내 감정을 팩트 체크하라

무기력에 빠졌다면 내게 문제가 있는 것이 아니라, 지나치게 열심히 살아서 자연스럽게 무기력이 찾아온 것으로 이해해야 한다. 특히 팬데믹 이후 모두가 무기력과 절망감을 느끼는 상황에서 '나만 못나서 그렇다'고 치부해버리면 2차 스트레스 때문에 실제로 업무 능력이 저하되고 학업 능력이 떨어지는 등 뇌 기능에 이상이 올 수 있다.

2차 스트레스로 확산되려는 낌새가 보이면 스스로 체크해보라. 예를 들어 일을 하다가 실수를 했는데, 평소에는 '에잇, 실수했네'라고 쉽게 넘기다가도 어느 순간 이런 생각이 들 수 있다.

'또 실수했네. 이러니까 이 모양이지. 나는 왜 제대로 살지 못할까. 정말 한심하다.'

이런 생각까지 든다면 2차 스트레스의 길목에 있는 것이다. 이때는 멈춰서 다시 한번 생각해보라.

'지금 내가 스스로에게 내린 평가를 뒷받침하는 객관적인 증거가 존재하는가, 아니면 완전히 주관적인 판단인가?'

물론 두 가지를 칼로 무 자르듯 나눌 수 있는 것은 아니다. 그러나 이를테면 직장인의 경우 실제 업무 성과나 공식적 평가 같은 객관적 시각에서는 문제가 없는데도 주관적 기준으로 스스로를 몰아붙이는 경우가 적지 않다. 실제로 무기력하고 업무에 집중되지 않는다고 호소하는 직장인에게는 이렇게 묻는다.

"객관적 증거가 있나요? 실제 누군가에게 업무 능력이 떨어졌다는 말을 들은 적이 있나요, 아니면 회사에서 그런 평가를 받은 적이 있나요?"

이렇게 질문하면 거의 모든 사람이 머뭇거린다. 그리고 조금 생각해본 뒤에 그렇지 않다고 대답하는 경우가 많다.

흔히 '스트레스받지 말고 편히 살아라'라는 말을 많이 한다. 하지만 이 말은 좀 거칠게 표현하면 비현실적인 헛소리다. '피할 수 없으면 스트레스를 즐겨라'라는 말도 피곤하다. '스트레스로 불편한 감정이 느껴지지만 이 감정이 나쁜 것은 아니다' 하는 정도로 생각하는 연습을 하는 것이 현실적이다.

예를 들어 열등감 때문에 스트레스를 받는다면, 그 감정을 '자기 인식과 경쟁 욕구'로 바꾸어보기를 권한다. 직장 생활을 하면서 자신이 더 발전하기 위해 바꾸어야 할 부분은 없는지 돌아보는 자기 인식과 어느 정도의 경쟁 욕구는 우수한 기능이다. 오히려 나는 이 조직에서 최고이고 항상 옳다고 생각하는 사람이 기능적으로는 열등한 것이다. 경쟁심과 자기 인식이 뭉쳐 작용할 때 자연스럽게 찾아올 수 있는 '내가 부족하다'는 감정을 열등감이란 용어로 격하하지 말자.

# 마인드 부스팅 2단계: 자기 연민, 내 감정에 공감하라

### 내 감정을 가만히 들여다보면

현재 마음 관리의 중요한 흐름이 감정과 거리를 두는 시간과 여유를 갖자는 것이다. 슬프면 슬픈 대로, 허무하면 허무한 대로, 감정을 지나치게 가두지 말고 자유로운 시간을 갖도록 놓아주자는 것이다. 그러려면 부정적 감정도 삶에 필요하고 가치가 있다고 받아들이는 연습이 필요하다.

그러면서 동시에 내 감정을 스스로 '감정'해보는 것도 필요하다. 예를 들어 '항상 즐거운 행복'이나 '실수 없는 완벽' 같은 실현 불가능한 목표를 추구하느라 내 마음을 가혹하게 채찍질하기만 하는 건 아닌지 말이다.

무기력을 호소하는 이들의 공통점 중 하나가 치열하게 산다는 것이다. 그래서 자기 자신에 대해서도 엄격하다. 에너지와 의욕을 잃을 때가 있음에도 그것을 받아들이지 못하고 지나치게 자신을 비난하며 다그치곤 한다.

이럴 때는 '여기서 멈추어서는 안 돼'라고 몰아붙일 것이 아니라 '자기 연민self-compassion'이 필요하다. 자기 연민은 '컴패션 이론compassion theory', 즉 연민 이론을 기반으로 한다. 연민 이론은 마음 치료와 정신의학 영역에서 3세대쯤 되는 이론이라고 할 수 있다.

1세대에 해당하는 이론은 정신분석이다. 지그문트 프로이트Sigmund Freud가 창시한 이론으로 그는 인간의 마음에 '무의식'이 존재하는데, 이 무의식에 억압된 사고와 감정, 기억이 저장되어 있다고 보았다. 이는 훌륭한 이론이지만 일상 차원에서 이루어지는 마인드 관리에 접목하기에는 다소 무겁다.

2세대라고 할 수 있는 인지 행동 요법은 내담자가 세상을 보는 방식을 함께 살펴보면서 인지 왜곡cognitive distortion을 보다 합리적으로 수정해나가는 접근 방식이다.

그럼 3세대 이론 중 하나인 연민 이론은 무엇인가? 이 이론은 개인이 자신의 고통과 타인의 고통을 인식하고, 이를 줄이기 위해 행동할 수 있는 능력을 키우는 데 중점을 둔다.

한마디로 자기비판에서 벗어나 자신의 마음을 다정하게 이해해주는 관점을 뜻한다. 나도 10년 전부터 스스로 마음을 관리할 때 이 이론이 큰 도움을 주었다.

## 내 마음을 바라보는 또 다른 마음

자기 연민은 단순히 마인드 관리 측면이 아니라 일의 능률을 올리는 데도 효과적이다. 버클리 경영대학교의 연구 결과를 보면 자기 연민 훈련의 중요성을 알 수 있다.

이 연구에서는 슬럼프가 찾아온 직원들을 모아 스스로 편지를 쓰게 했다. 한 팀에는 '운이 나빴을 뿐이야', '다음에는 무조건 잘될 거야'라는 식으로 자아 팽창 ego inflation 의 메시지를 요구했다. 여기에서 자아 팽창이란 분석심리학의 창시자 카를 융 Carl Jung 이 도입한 개념으로, 자아를 실제보다 부풀려서 자신을 과대평가하는 상태를 말한다. 그리고 다른 한 팀에는 '다시는 이런 실수를 반복하지 말아야지'라는 식으로 자기비판의 메시지를 쓰게 했다.

두 실험군 중 어느 쪽이 회복하는 속도가 빠르고 업무 능력이 향상되었을까? 결과는 전자, 즉 자아 팽창 메시지로 편지를 쓴 팀의 업무 능력이 향상되었다. 그렇다고 자만하자는 것이 아니라, 자신을 엄격하게 채찍질하는 태도가 언제나 좋은 것만은 아니라는 뜻이다.

경험, 소통 등을 통해 새로운 정보가 들어올 때 마음은 생각, 감정, 그리고 행동에 대한 결정 등 여러 반응을 보인다. 이런 상황에서 내 마음을 바라보는 또 다른 마음이라 할 수 있는 '메타 인지meta-cognition'가 긍정적으로 작동하도록 하는 것이 중요하다. 메타 인지란 자신을 알고 객관적으로 판단할 수 있는 정신 작용을 뜻한다. 어떤 이가 충분히 문제를 해결할 능력이 있는데 '나는 실패할 거야'라는 감정 반응에 휩싸였다고 생각해 보자. 이때 메타 인지는 이에 대해 팩트 체크를 해주는 역할을 한다.

일을 성공적으로 해결할 능력이 있는지 여부를 정확하게 판단해주는 것이다. 이처럼 메타 인지는 상황에서 한 발짝 물러나 객관적인 판단을 도와 우리가 즉각적인 감정에 휩싸여 심리적으로 동요하지 않도록 도와준다.

## 자기 연민 모드로 전환하라

우리가 어떤 일을 할 때는 스트레스 시스템이 작동된다. 이 시스템은 불안이라는 위기를 관리하는 신호를 주축으로 생존을 위해 외부와 연결되어 치열하게 일한다. 이것이 지극히 자연스럽고 정상적인 상황이다.

그러다 일이 끝나고 휴식 시간이 되면 어떤가? 보통 휴식한다고 하면 아무 일도 하지 않는 상태를 생각한다. 뇌가 쉰다는 것을 장시간 작동해 뜨거워진 컴퓨터의 전원을 내리듯 뇌를 꺼버리는 것으로 오해하는 것이다.

그런데 실제로는 그렇지 않다. 업무에 집중하다가 잠시 휴식을 취할 때 뇌의 또 다른 회로가 활성화된다. 이를 기본 모드 default mode 라고 한다. 반대로 일하는 모드는 과제 긍정 모드 task-positive mode 라고 한다.

실제로 뇌가 기본 모드를 유지할 때는 일에 몰입해서 작업

### 뇌 속 네트워크의 전환

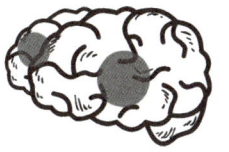

기본모드

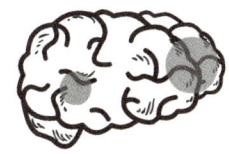

과제 긍정 모드

을 수행할 때에 비해 에너지 소비량이 20퍼센트 정도만 감소하는 것으로 알려져 있다. 다시 말해 쉰다는 것은, 아무것도 하지 않는 것 같지만 사실 뇌에서는 끊임없이 작업이 이루어지고 있는 상태다. 즉 뇌가 상당히 능동적인 상태다.

따라서 뇌를 쉬게 하려면 단순한 '스위치 오프'가 아니라 '모드 전환'이 필요하다. 스트레스 시스템에서 자기 연민 시스템으로 모드 전환이 이루어져야 스트레스기 해소될 뿐 아니라 일도 더 능률적으로 하게 된다. 아무 일도 하지 않고 있는데 뇌에서 근심 걱정으로 가득 찬 생각이 맴돌고 있으면 일에 몰두

할 때보다 에너지 소모가 더 많아지기 때문이다.

자기 연민은 자신의 내면과 만나는 것을 말한다. 격하게 아무것도 하고 싶지 않을 때야말로 바로 내가 나를 위로해줄 때다. 피지컬이 남다른 손흥민 선수도 경기를 연장전까지 마치고 나면 아무것도 하고 싶지 않을 것이다. 그렇다고 손흥민 선수가 나약한 사람인가? 손흥민 선수가 스스로 나약하다고 생각한다면 그것이 바로 2차 스트레스다.

최선을 다했기에 찾아온 심신의 피로, 즉 1차 스트레스를 자신이 나약하다는 뜻으로 해석해버리면 2차 스트레스가 커지고 몸과 마음의 회복도 더뎌진다. 그래서 우스갯소리로 무기력한 이들에게 '나는 손흥민이다'라고 되뇌어보라고 말한다.

'아, 피곤하고 힘들어'(1차 스트레스)
→ '난 나약하고 한심해'(2차 스트레스)
→ 무기력과 번아웃 현상 증폭

'아, 피곤하고 힘들어'(1차 스트레스)
→ '내가 힘든 것은 열심히 살았다는 증거야'(자기 연민)
→ 2차 스트레스 최소화

자기 연민이란 막연히 '다 잘될 거야'라고 이야기하는 것이 아니다. 핵심은 1차 스트레스가 곧바로 2차 스트레스로 이어지지 않도록 자기 긍정의 공간을 확보해주는 것이다.

다시 한번 말하지만 마인드 컨트롤도 필요한 기법이다. 하루의 80퍼센트는 마인드 컨트롤로, 20퍼센트 정도는 자기 연민으로 다스려야 버틸 수 있다. 그런데 자기 연민을 간과하는 사람이 많아서 문제다. 하루 20분이라도 자신을 따뜻하게 안아주는 자기 연민을 통해 1차 스트레스가 2차 스트레스로 넘어가는 것을 차단해보자.

# 마인드 부스팅 3단계: 무기력의 늪, 반추 사고의 고리를 끊어라

## 부정적 생각이 반복되는 이유는 무엇인가?

'그때 그렇게 행동하지 말았어야 했는데….'
'나는 왜 이렇게 한심할까.'
'그 사람이 나를 싫어하는 게 분명해.'

이처럼 과거에 일어난 부정적인 일을 소가 되새김질하듯 현재 시점에서 반복적으로 떠올리는 것을 반추rumination라고 한다. 반추하면서 보통 실패한 경험이나 부정적인 내용을 곱씹기 때문에 우울과 무기력이 지속되는 원인이 되기도 한다. 자기 내면에 갇혀 반복적으로 부정적 피드백을 주는 반추에 빠지면, 자신을 외부와 단절하고 내면으로 후퇴하는 회피 현상을 보이기도 한다.

반추 사고만큼 에너지가 많이 소모되고 사람을 지치게 하는 것도 없다. 반추 사고를 하면 특정 사건이 일어난 당시에 느꼈던 우울감이나 절망감, 수치심 등이 다시 떠오르기 때문에 자기 비하나 부정적 감정으로 이어지기 쉽다.

우리 뇌에는 창의적이고 긍정적인 사고와 관련된 회로가 있고, 위기관리와 관련된 불안 회로가 있다. 두 회로가 균형을 이루어 조화롭게 돌아가야 정신이 건강하다. 반대로 불안 회로가 과하게 작동해서 반추에 빠져들면, 감정적으로도 힘들지만 뭔가를 결정하는 데 어려움을 겪는다. 또 구체적 액션을 취하는 행동화에도 문제가 생긴다.

반추는 내가 왜 우울한지 스스로 질문을 제기하고 답을 찾으려는 시도에서 비롯된다. 이런 측면에서 얼핏 보면 우울증을 해결하는 데 도움이 될 것처럼 느껴진다. 반추를 하는 사람들은 반추를 하면 지금 겪고 있는 심리적 문제를 해결할 인사이트를 얻을 수 있다고 착각한다.

하지만 객관적으로 보면 인사이트를 얻는 경우는 거의 없고 실제로 해결책을 생각해냈다 하더라도 그것을 실행에 옮기는 경우는 드물다. 결국 반추는 그저 '나는 우울한 사람'이라는 생각을 강화하고 우울이 더욱 심해지도록 만드는 역할을 한다.

## 부정적 생각의 고리 끊어내기

결국 반추 사고를 끊어버려야 한다. 그러기 위해서는 역설적이게도 부정적 생각을 멈추려는 태도를 버려야 한다. 생각을 통제하려고 할수록 걱정과 집착이 심해지기 때문이다. 에너지가 고갈된 상태일수록 현재 상황에서 벗어나고자 발버둥 치면 스트레스가 증가하고 번아웃이 찾아올 수 있다.

만약 부정적 생각이 맴도는 반추 사고에 빠졌다면, 이 때문에 스트레스받기보다 '지금 내가 하고 있는 생각이 반추구나'라고 알아차리기만 해도 효과가 있다. 자신이 지금 반추를 하고 있다는 객관화가 가능해져 꼬리를 물고 이어지는 부정적 생각에서 빠져나올 수 있기 때문이다.

지금 이 순간의 감각에 집중하는 것도 반추 사고를 멈추는

데 도움이 된다. 인센스를 피워놓고 향기에 집중한다거나 좋아하는 그림을 물끄러미 바라보는 것이다. 오감에 집중하다 보면 반추는 저절로 사라진다.

그리고 주로 어떤 상황에서 반추 사고가 강해지는지, 반대로 어떤 상황에서 줄어드는지 파악할 필요가 있다. 그래서 반추가 심할 때는 그 생각의 고리를 끊을 수 있는 자신만의 활동을 하는 것이 도움이 된다. 예를 들면 책상 정리나 전화번호 정리 같은 단순 업무가 도움이 될 수도 있다.

개인적으로 나의 경우엔 완성도가 떨어진 업무라 생각했는데 오히려 평가가 좋았던 과거 기억을 되살려보는 것도 효과가 좋았다. 반추 사고에 빠질 때마다 볼 수 있도록 문구를 적어놓는 것도 도움이 된다. 이렇듯 비합리적 신념이 튀어나올 때 객관적 사실로 마음의 틀을 정비할 필요가 있다.

앞서 지금은 극복하려 하기보다 묵묵히 버티며 견뎌내야 하는 시기라고 말했다. 버틴다고 하니 나약하고 치사하게 느껴지는 것 같기도 하다. 하지만 무기력한 상황을 180도 바꿔야 한다는 생각은 또 다른 스트레스 요인으로 작용할 수 있다.

게다가 그것에 실패할 경우 '내가 더 잘했어야 하는데', '나는 실패자야' 같은 반추 사고에 빠져 무기력이 심화될 위험이 있다. 그러니 무리하게 극복하려 들지 않아도 된다. 다만 포기하지 말고 버티는 것이 중요하다. 이것이 극복하는 것 이상으로 강력한 전략이기 때문이다.

반추 사고를 물리치는 가장 효과적인 방법은 구체적인 행동을 취하는 것이다. 그래서 나는 환자들에게 "안 내켜도 억지로 산책을 해보라"고 권하는 편이다. 혼자도 좋고 누군가와 함께 해도 좋다. 산책을 통해 근육의 움직임을 느끼고 자연 풍경을 바라보는 과정에서 자연스럽게 나의 시선이 내부에서 외부로 옮겨 가는 것을 느낄 수 있다.

억지로 뭔가를 하는 것이 내키지 않을지 모른다. 하지만 일단 행동을 하면 반추 사고의 회로를 끊을 수 있고 외부 세계와 연결되면서 조금씩 동기가 차오른다. 이러한 일이 반복되다 보면 나중에 스스로 산책하고 싶은 마음이 들 것이다. 그렇게 의욕과 자신감을 되찾는 것부터 시작하면 된다. 이것이 바로 행동 활성화의 원리다. 다음 장에서는 이처럼 행동을 통해 의욕을 되찾는 구체적인 방법을 알아보려고 한다.

# 마인드 부스팅 4단계:
# 마음에 시동을 걸어라

## 의욕이 생기는 완벽한 타이밍은 없다

정신과 의사로 일한 지 올해로 31년 차다. 여든이 넘은 나이에도 유튜브 활동까지 정열적으로 하시는 선배들에 비하면 미약한 경험이지만, 그래도 적지 않은 시간 동안 정신건강 영역에서 일을 해왔다.

30년 되던 해에는 자연스럽게 이런 자문을 했다.

'내가 30년 정신과 의사 생활을 하면서 깨달은 것 중 첫 번

째가 무엇일까?'

솔직하게 말하면 '내 마음이 내 마음대로 되지 않는다'였다. 돌이켜 보면 처음 일을 시작할 때 기껏 이 사실을 깨닫기 위해 정신건강의학과를 선택한 것은 아니었다. 내 마음도 내 뜻대로 잘 관리하고 다른 사람들의 마음 관리도 도와주기 위해 정신건강의학과에 발을 들인 것이다. 그런데 30년간 일한 결과 마주한 깨달음이 내 마음이 내 마음대로 안 된다는 것이니, 허무하기도 하다.

'정신과 의사도 이런 생각을 하다니!'라고 생각할지 모르겠다. 그만큼 내 마음을 스스로 통제하기란 쉽지 않은 일이다. 그리고 우리가 무기력의 시대를 살고 있다는 사실을 먼저 받아들여야 한다.

진료를 하다 보면 "그동안 버티느라 지쳤다. 빨리 회복되어야 할 텐데 그렇지 못해 답답하고 내가 한심하다"라는 호소를 많이 듣는다.

그런데 앞에서도 언급했지만, 회복하기 위해 애쓰며 다시 동기가 생기길 기다리다 보면 실제 행동으로 이어지지 않고, 자신을 자책하는 2차 스트레스만 강화되어 다음과 같은 악순환의 고리가 생기기 쉽다.

**과도한 마인드 컨트롤(감정과 생각 바꾸기)**

→ 에너지 과잉 소비

→ 행동으로 옮길 에너지 고갈

→ 행동하지 못한 것에 대한 2차 자책

→ 마음 에너지 2차 고갈

→ 무기력감 증가

→ 더 강한 마인드 컨트롤과 에너지 소비

→ 회복 탄력성 저하, 부정적 프레임 생성, 결정·관계·창의성·투지·도전 의식 등의 전반적인 감퇴

→ 미래의 삶에 부정적 영향

## 수동적 힐링에서 능동적 힐링으로

도대체 어떻게 마음을 회복해야 할까? 한때 자신의 마음에 휴식을 주는 힐링이 열풍이었는데, 최근에는 힐링이라는 용어가 이전같이 쓰이지 않는 것 같다. 심지어 힐링이리는 말이 '일하라'라는 말로 들린다는 사람도 적지 않다. 단어가 스트레스화된 것이다. 스트레스화된 단어는 원래 그 의미가 아무리 좋다

고 해도 마음에 저항을 준다.

'힐링의 역설 paradox of healing'이라는 것이 있다.[2] 마음의 에너지가 고갈될 때 우리가 보이는 반응과 신체적 에너지가 고갈될 때 나타나는 반응에는 차이가 있다는 것이다. 심리적 허기라는 것도 존재하긴 하지만, 일반적으로 허기가 지는 것은 신체적 에너지가 소모되었기 때문이다.

급한 일이 있어 점심을 걸렀을 때 식욕이 증가하고 잠시 짬을 내서라도 요기를 한다. 그런데 마음 에너지는 좀 다르다. 어느 정도까지는 휴식을 취해 재충전하면 동기가 살아난다. 그런데 마음 에너지가 고갈된 수준이 어느 선을 넘으면 그냥 격하게 아무것도 하고 싶지 않은 상태가 된다. 그럴 때는 재충전에 대한 욕구까지 사라진다.

그런데 힐링이라는 말도 구분해서 살펴볼 필요가 있다. 힐링에는 두 가지 종류가 있다. 수동적 힐링 passive healing과 능동적 힐링 active healing이다. 힐링에 수동적인 것과 능동적인 것이 있다니, 무슨 의미일까?

먼저 수동적 힐링은 우리가 일반적으로 생각하는 힐링이다. 좋아하는 노래를 듣거나 영화를 보며 마음의 안정을 찾는 것이다.

흥미로운 건 능동적 힐링이다. '능동적'이라는 단어를 생각하면 자신이 좋아하는 행동을 적극적으로 해서 힐링하는 것을 의미할 것 같은데, 사실은 그 반대다. 하기 싫은 활동을 억지로 하고 나면 오히려 힐링이 되는 역설적 상황이 바로 능동적 힐링이다. '웃픈' 용어다. 이게 과연 가능한 일인가?

한번 생각해보자. 평소에도 의욕은 없었지만 작은 행동을 하나 했더니 거꾸로 생각과 마음에 변화가 생기는 경우를 종종 경험하곤 한다. 예를 들어 "휴일에 웬 등산이냐"며 친구에게 거의 끌려가다시피 하며 마지못해 집을 나섰는데, 등산을 마치고 나니 오히려 지친 마음이 재충전되고 '다음 주에도 등산을 할까?' 하는 의욕이 생기는 경험 말이다. 그래서 능동적 힐링이 필요한 이들은 오히려 무기력감을 느끼는 사람들이다.

## 선 행동 후 동기부여

많은 사람이 "언제쯤 의욕이 생기고 동기부여가 될까요?"라고 질문한다. 하지만 안타깝게도 의욕이 100퍼센트 생기는 완벽한 타이밍이란 없다.

보통 먼저 동기를 부여해야 행동이 변한다고 생각한다. '선 동기부여 후 행동'이 자연스럽고 우리가 노력하는 일반적인 흐름이지만, 요즘 같은 무기력의 시대에는 동기부여가 되기를 기다리다 의미 없이 시간만 흘러가게 된다. 그래서 묵묵히 버텨낼 때 효과적인 전략은 '선先 행동 후 동기부여', 즉 액션을 먼저 하는 것이다.

주말 저녁에 가벼운 산책을 하며 기분 전환을 하기로 했다고 생각해보자. 자연스럽게 행동을 하려면 마음이 먼저 움직여주어야 한다. 마음을 분류하자면 크게 감정과 생각으로 구성되어 있다.

지금이 초가을이라 가정해보자. 저녁을 먹고 나서 먼저 마음의 감정이 '아, 초가을의 바람을 느끼고 싶다'라고 슬쩍 시동을 걸면 생각은 당연히 '나가서 산책이나 할까'라고 받아줄 것이다. 그럼 주말 저녁 가벼운 산책이라는 행동이 물 흐르듯 자동적으로 일어날 것이다.

그런데 저녁을 먹고 나서 무기력한 감정이 들고 다 귀찮아지면서 생각이 '아직 더운데 뭘 나가', '어제 술도 많이 마셨는데 그냥 누워 있자', '무리하면 더 건강에 해로워'라는 식으로 반응하면 산책이라는 행동이 일어나기 어렵다. 가벼운 산책이

숙제처럼 어려워지는 것이다.

이처럼 산책이라는 행동이 자연스럽게 진행되려면 먼저 마음이 움직여야 한다. 앞에서도 이야기했듯 마음이 감정과 생각으로 구성되어 있다. 그래서 흔히 '감정 → 생각 → 행동' 순으로 진행된다.

그런데 중요한 건 마음이 주는 정보를 무조건 꼭 따라야만 하는 것은 아니라는 점이다. 마음이 우리에게 많은 신호를 보내지만 어디까지나 마음은 결정 기관이 아니라 정보 기관이기 때문이다. 내가 하는 행동을 통해 내가 하는 생각과 감정까지 충분히 조절할 수 있다는 이야기다. 그래서 때로는 마음에 저항해서 행동할 필요가 있다. '감정 → 생각 → 행동' 순서가 아니라 '행동 → 감정/생각'의 순서도 가능한 것이다.

그렇기 때문에 산책 나가기 싫어서 친구나 가족에게 질질 끌려 나가다시피 했는데, 좀 걷고 커피도 한잔하고 나니 거꾸로 마음의 감정이 '생각보다 괜찮은데', 그러니 생각이 '내일도 산책을 나가볼까'라고 동기부여될 수 있는 것이다.

## 몸을 움직여 의욕을 만든다, 행동 활성화법

몸을 먼저 움직여 의욕을 만드는 것, 이것은 실제로 우울증 치료에 활용되는 행동 활성화법이다. 인지 행동 치료CBT의 요소 중 하나이기도 하다.

행동 활성화는 환자가 즐거움을 느낄 수 있는 활동을 계획하고 실행하도록 돕고, 우울증으로 인한 회피 행동을 줄이는 데 중점을 둔다. 우울한 감정을 겪고 있는 사람들이 점진적으로 활동 수준을 높여감으로써 기분을 개선하는 것을 목표로 한다. 개인에게 의미 있고 즐거움을 주는 행동을 활성화해 감정을 변화시키고, 감정이 향상되면 다시 긍정적 활동이 활성화되도록 돕는 것이다. 이처럼 긍정의 선순환을 만들어 마음의 시스템을 바로잡는 것이 무기력 디톡스의 핵심이다. 그러므로 마음을 활성화하는 가장 효과적인 방법은 일단 몸을 움직이는 것이다.

행동 활성화가 이루어지는 원리는 다음과 같다.

1. 긍정적 활동 참여: 즐겁거나 의미 있는 활동에 참여함으로써 긍정적 감정을 경험한다.

2. 회피 행동 감소: 우울한 감정에서 벗어나기 위해 회피하는 행동을 줄이고, 대신 더 많은 활동을 시도한다.
3. 일상생활 개선: 규칙적인 활동을 통해 일상생활의 구조와 리듬을 회복해 전반적인 기분을 개선한다.

이 과정에서 작은 성취를 통해 자존감을 회복하고, 행동과 기분 간의 긍정적 피드백 루프를 형성하는 것이 핵심이다.

행동 활성화법은 기본적으로 우리 몸과 마음이 연결되어 있다는 사실을 근거로 한다. 이와 관련해 최근 국제 학술지 《사이언티픽 리포트 Scientific Reports》에 게재된 연구 사례가 흥미롭다. 미간에 주입한 보톡스 주사가 우울증 완화에 효과적이었다는 내용이다.[3] 보통 스트레스를 받으면 인상을 쓰게 되고 미간에 주름이 생기는데, 반대로 미간 주름을 펴면 마음도 펴지는지 알아보는 실험이었다.

독일 하노버의과대학교 연구 팀은 경계성 인격 장애를 겪고 있는 환자 대상으로 연구를 진행했다. 미간에 보톡스를 주입한 결과 뇌 측두엽에 있는 편도체 활동이 축소되어 실제로 불안감이 줄어드는 것을 확인했다. 연구 팀은 '보톡스를 주입해 미간을 찌푸리는 특정 표정이 제한되면서 감정적 동요를 막을 수 있었다'라고 발표했다.

물론 정밀한 연구 방법론의 결과까지 나온 것은 아니기에 일반화하기에는 이르지만, 이를 통해 강조하고자 하는 것은 몸과 마음이 서로 긴밀히 연결되어 있다는 사실이다. 웃음 치료 역시 같은 맥락에서 설명 가능하다. 웃음 치료는 웃음을 유도해 긍정적 감정과 신체적 반응을 촉진하는 치료법으로, 웃음으로써 기분이 개선되는 효과를 노리는 것이다.

그러니 움직여보자. 무기력해서 꼼짝하기 싫을 때 무기력감을 의욕으로 바꾸기 어렵지만 '억지로라도' 몸을 끌고 나가 5분만이라도 산책하는 것은 가능하다. 산책하겠다는 마음이 생기게 하는 것은 내 뜻대로 할 수 없지만, 근골격계는 내가 직접 통제할 수 있는 몸의 영역이기 때문이다. 의욕은 저절로 생기는 것이 아니라 내가 직접 만들어내는 것이라는 사실을 기억하자.

## 일상에서 행동 활성화 일으키기

한 번 상상해보자. 평소에 50미터 뛰기도 버거운 당신이 내년에 마라톤 대회를 나가야 한다면 무엇부터 시작해야 할까? 매일 5킬로미터 뛰기?

미국의 자기계발 전문가 제임스 클리어James Clear는 '운동화 끈 묶기'부터 시작해야 한다고 말한다.[4] 처음부터 '매일 5킬로미터 뛰어야지'라는 목표를 잡으면 부담스러울뿐더러 하루 이틀 실천할 수는 있어도 지속하기가 어렵기 때문이다. 목표에 도달하기 위해 습관을 만들려면 일단 아주 작은 단위로 행위를 잘게 쪼개 '쉬워 보이도록' 진입 장벽을 확 낮추는 것이 중요하다.

지금 현대인들이 마주한 상황에도 이를 적용할 수 있다. 장기화되는 저성장의 시대를 극복하기 위해 거창한 목표를 세우기보다 내가 지금 할 수 있는 작은 행동을 통해 의욕을 5퍼센트, 10퍼센트 등 점진적으로 조금씩 채워나가야 한다. 의욕이 저하되어 만사가 귀찮은 순간에도 침대에서 일어나기, 목 스트레칭하기 등의 사소한 행동이 자신의 기분을 바꾸고 하루를 바꾸는 중요한 역할을 한다.

이처럼 삶에 활력을 주는 작은 행동을 '행동적 항우울제antidepressant activity'라고 한다. 보통 항우울제라고 하면 복용하는 약물을 생각하는데 행동적 항우울제는 항우울 효과를 일으키는 행동을 직접 하는 것을 말한다.

다만 행동적 항우울제는 사람마다 차이가 있다. 그래서 평소에 자신에게 효과가 있는 행동적 항우울제 목록을 파악해놓을 필요가 있다. 필자가 환자들에게 주로 추천하는 항우울 행동 리스트를 참고하여 자신만의 리스트를 만들어보자.

**1. 하루 10분 사색하며 걷기**

몸의 움직임이 자유로워지고 뇌의 긴장감이 이완되면서 자신의 마음을 들여다볼 여유가 생긴다.

**2. 세 번 깊게 호흡하며 호흡의 흐름 느끼기**

출근해서 컴퓨터가 켜지는 동안 혹은 주문한 커피를 기다리는 등 잠깐의 시간을 활용해 자신의 호흡을 가만히 느껴본다. 호흡에 집중하면서 자연스럽게 긴장 상태가 이완될 수 있다.

**3. 조용한 곳에서 음미하며 식사하기**

오감을 동원해 음식의 색깔이나 향을 음미하고 최대한 천천히 씹으며 다양한 맛을 고스란히 느껴본다. 이러한 슬로우 이팅 *slow eating*은 내면에 집중하는 데 큰 도움이 된다.

### 4. 일주일에 한 번 슬픈 영화 감상하기

기분 전환이란 즐겁고 재미있는 콘텐츠를 통해 내 마음을 긍정적으로 조정하는 것이다. 하지만 기분 전환 위주의 활동만 하다 보면 자신의 슬픔이나 아픔을 대면하는 능력은 줄어든다. 이럴 때는 꼭 영화가 아니더라도 의식적으로 슬픈 콘텐츠를 접하는 것이 내면의 슬픔을 이해하고 받아들이는 데 도움이 된다.

### 5. 일주일에 시 세 편 읽기

사람의 마음은 논리보다 은유로 움직인다. 시를 통해 은유에 친숙해지면 내 마음을 바라보고 자유롭게 하는 데 큰 도움이 된다.

### 6. 친구와 이야기하기

마음이 지치고 불안할 때 친구의 존재가 그 어느 때보다 귀하다. 단 한 명이어도 괜찮다. 온전히 내 마음을 알아주는 이의 따뜻한 위로가 나에게 큰 힘이 되어줄 것이다.

| 항우울 행동 목록 | 우선순위 | 우울 행동 목록 | 우선순위 |
|---|---|---|---|
| 1. | | 1. | |
| 2. | | 2. | |
| 3. | | 3. | |

 항우울 행동 목록과 우울 행동 목록을 구분하여 적어보는 것도 도움이 된다. 아침에 일어나 어제 한 일을 떠올리며 우울한 감정을 불러일으킨 행동은 무엇이었는지, 우울을 떨쳐내는 효과를 지닌 활동은 무엇인지 생각해보는 것이다. 예를 들어 친구에게 전화하지 않고, 또 전화가 와도 받지 않는 것이 기분을 우울하게 했다면 우울 행동 항목에 적는다. 또 강아지를 산책시키는 것이 기분을 좋게 해주었다면 항우울 행동 항목에 적는다.

 항우울 행동 목록에서 즐겁고 실현 가능하며 부담이 적은 활동을 우선순위로 정한다. 그리고 우선순위 활동을 주간 또는 일간 일정에 포함시키는 것이 중요하다. 또한 나를 기분 좋게 하는 행동은 수시로 변하기 때문에 매일은 아니어도 목록을 일주일에 한 번 정도 업데이트해주는 것이 좋다.

**[ Key Point ]**

- 지금처럼 무기력이 심각한 문제로 떠오른 시기에는 이를 극복해내야 한다는 마인드 컨트롤이 오히려 스트레스 요인이 될 수 있다.

---

- 동기를 얻는 완벽한 타이밍은 없다. 한 번의 행동을 통해 마음을 활성화하는 마인드 부스팅이 필요하다.

---

- 반복되는 무기력에서 벗어나기 위해서는 반추 사고를 끊어야 한다.

---

- 혹독한 자기비판보다 자기 연민의 관점이 장기적으로 마음을 회복하고 성과를 내는 데 효과적이다.

**스페셜 디톡스**

# 행동 활성화 일지 작성하기

지금까지 긍정적 경험을 할 수 있는 행동으로 지친 마음을 회복하는 행동 활성화법을 배웠다. 행동 활성화 원리를 일상에서 적용하는 것이 어렵다면 행동 활성화 일지를 작성하는 것이 도움이 된다. 일상 활동을 기록하고 기분 변화를 추적하면서 긍정적인 행동 패턴을 강화할 수 있을 것이다. 노트나 애플리케이션 등 자신의 편의에 맞는 형식을 선택하면 된다.

**ex) 행동 활성화 일지 예시**

| 날짜 | | 시간 | |
|---|---|---|---|
| 활동 | | 1.<br><br>1.<br><br>3. | |

| 기분 기록 | 활동 전 기분<br>(1~10 척도) | |
| --- | --- | --- |
| | 활동 후 기분<br>(1~10 척도) | |
| 활동 평가 | 즐거움<br>(1~10 척도) | |
| | 성취감<br>(1~10 척도) | |

## 1. 활동 목록 작성

오늘 날짜와 활동한 시간을 적고, 수행한 활동을 간략하게 기록한다. 예를 들어 산책, 독서, 친구와의 대화, 운동 등이 있을 수 있다.

## 2. 기분 기록

활동을 실행하고, 그에 따른 기분 변화를 기록한다. 활동 후 느낀 성취감이나 기분을 적어보자. 우선 활동을 시작하기 전에 느낀 기분을 1~10의 척도로 평가한다. 1은 매우 우울한 상태, 10은 매우 기쁜 상태다. 활동을 마친 뒤에 기분이 어떻게 변했는지도 똑같은 방식으로 기록한다.

### 3. 활동 평가

활동이 얼마나 즐거웠는지를 마찬가지로 1~10의 척도로 평가한다. 그리고 활동을 통해 얼마나 성취감을 느꼈는지도 1~10의 척도로 평가한다.

### 4. 계획과 실행

하루가 끝나면 일지를 보면서 오늘 한 활동과 그에 따른 기분 변화를 체크해보자. 그러면 어떤 활동이 자신의 기분에 긍정적 영향을 끼쳤는지 알 수 있다. 이를 바탕으로 내일 수행할 활동도 계획해보자. 즐거움을 느꼈던 활동이나 의미 있는 활동을 더 많이 포함해서 작성한다. 처음에는 작은 목표부터 시작하는 게 좋다. 예를 들어 하루에 10분 산책하기, 하루에 한 페이지 책 읽기 등이다.

### 5. 점진적 확대

일요일 저녁에는 한 주간의 일지를 훑어보면서 어떤 패턴이 나타나는지 분석해보자. 어떤 활동을 할 때 기분이 좋았고, 또 어떤 활동을 할 때 무기력이나 우울감이 악화되었는지 살펴본다. 이를 바탕으로 무기력을 줄이는 데 효과적인 활동을 더 자주 계획하고 실행하면 된다. 초기 목표를 달성하면 활동의 범위나 시간을 점차 늘려가자.

이 일지는 단순히 활동을 기록하는 것이 아니라, 그 활동이 내 기분에 어떤 영향을 미치는지 추적함으로써 더 긍정적인 행동을 강화하는 데 목적이 있다. 일지를 통해 자신에게 긍정적 영향을 미치는 활동을 알아내고, 그 활동을 지속적으로 실천하는 것이 중요하다. 이러한 계획은 우울감을 감소시키고 긍정적 감정을 증대시키는 데 도움이 될 것이다.

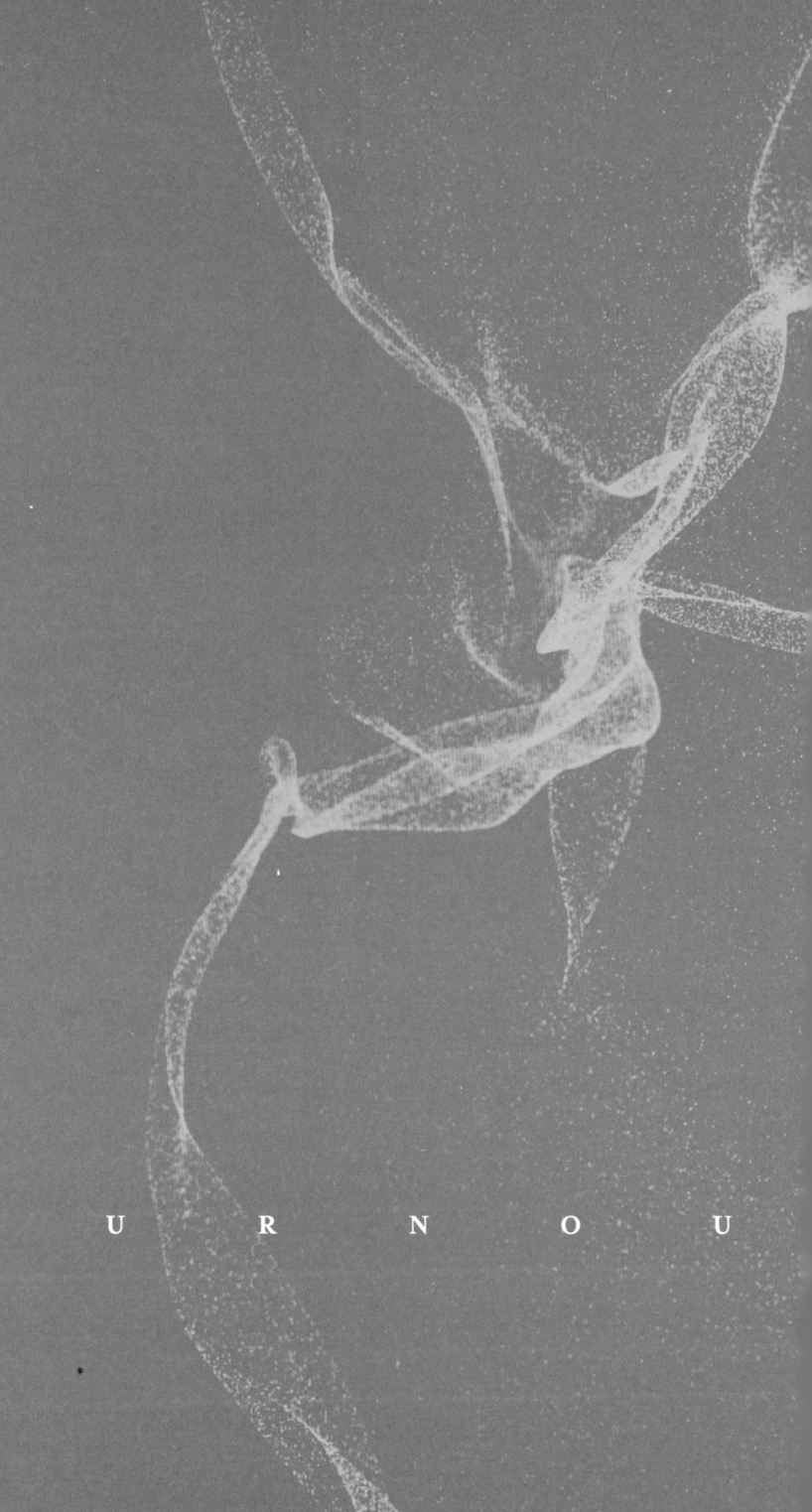

# 3장

## 무기력에서 나를 구하는 멘탈 강화 수업

DETOX

# 마음에 쉼표 찍기, 멘탈 브레이크

## 오래된 무기력, 슬럼프

무기력과 번아웃은 앞에서도 말했듯 병이 아니고 열심히 산 증거라고 했다. 하지만 나중에 몰아서 재충전하자는 식으로 휴식을 뒤로 미루다 보면 정작 휴식이 필요한 시기에는 만사가 귀찮아지는 힐링의 역설에 갇혀 슬럼프에 빠지기 쉽다.

오랜 기간 계속되는 무기력 상태는 슬럼프로 이어질 수 있다. 그러면 평소 친구 만나는 것을 좋아했는데 주말에 사람 만나기도 싫어지고, 좋아하던 영화도 독서도 운동도 싫어지게 된다. 대부분 한 번쯤 경험해보았을 것이다.

나도 수년 전 슬럼프가 찾아온 적이 있다. 그때 자전거 타기로 조금씩 슬럼프에서 탈출했던 기억이 있다. 점점 자전거 타기가 좋아져 남한강, 북한강, 섬진강 자전거 길을 달렸다. 자전거를 타고 싶으니 주말에 비가 오지 않기를 간절히 바랐고, 심지어 출근 전 새벽, 출근 후 저녁에도 자전거 타는 것을 즐겼다. 지금 생각하면 그때의 내가 낯설 정도다.

슬럼프에서 벗어나는 비결 중 하나는, 앞에서도 언급했듯이 마음이 결정 기관이 아니라 정보 기관이라는 사실을 인지하는 것이다. 내가 슬럼프를 극복하던 시기에 '주말에 자전거를 타야지'라고 계획을 세워도 막상 토요일 아침에 일어나 자전거를 보면 마음이 이런 메시지를 보낸다.

'나이도 들었는데 무슨 자전거냐? 다치면 큰 골절이고 잘 붙지도 않는다. 그냥 편히 누워 있자.'

내가 대통령이라면 대법원이나 헌재의 결정을, 내가 대표이사라면 이사회 결정 사항을 반드시 따라야 할 것이다. 하지만 정보 기관이나 부서의 조언이라면 최종 결정권은 나에게 있다. 그렇기 때문에 마음이 '집에서 누워 있으라'는 메시지를 보내도 이렇게 대답할 수 있다.

'마음아, 소중한 조언 고마워. 하지만 오늘 한번 나가볼게.'

마음의 지시를 따르지 않고 자전거를 끌고 나가보는 것이다. 현관 앞에서 다시 들어갈까 하는 생각도 들지만 일단 엘리베이터를 타고 내려와 사이클에 클립을 끼고 달리면, 즉 선 행동을 하면 몸과 마음이 재충전되는 것이 느껴진다. 그리고 '내일도 타야지' 하는 후 동기부여도 찾아온다.

물론 다음 날이 되면 또 타기 싫다. 그렇지만 이미 마음이 '나가지 말라'고 해도 저항한 경험이 있기에 극도의 무기력 상태에서는 벗어난 것이라 할 수 있다. 자리에서 일어날 에너지는 확보한 것이다. 마음의 지시를 따르느라 그냥 누워 있는 날도 있겠지만 저항하는 날의 타율을 5할만 유지해도 힐링의 역설에 빠지지 않을 수 있다. 오늘 하루 마음에 졌다고 너무 자신을 탓하지 말자. 이것도 2차 스트레스다. 내일, 아니 다음에 하면 그만이다.

무기력도 슬럼프도 문제는 전혀 아니다. 누구에게나 찾아올 수 있다. 그것에서 어떻게 벗어나느냐가 중요하다. 평소에 컨디션이 비교적 괜찮을 때 연습해놓아야 한다. 그 방법으로 요즘 떠오르는 키워드가 미니 브레이크와 메모리 관리다.

## 나만의 미니 브레이크를 찾아보자

우리 마음속에는 2개의 공간이 있다. 하나는 일의 공간이고 하나는 쉼의 공간이다. 일에 몰입하다가도 쉼의 공간으로 자유자재로 이동하는 것이 훌륭한 마인드 관리 기술이다. 일을 하다가 필요할 때 브레이크brake를 밟아 적절히 멈추고 쉼break에 이르는 것이 중요하다.

마인드 관리의 핵심은 일의 공간에서 쉼의 공간으로 효율적으로 이동하며 '멘탈 브레이크'에 이르는 나만의 노하우를 확보하는 것이다.

그런데 우리 마음에는 자동차 브레이크처럼 물리적 브레이크가 존재하지 않는다. 그래서 쉼의 공간으로 이동할 수 있는 나만의 브레이킹 기술을 갖추는 것이 중요하다.

어떤 이들은 브레이크라고 하면 '롱 브레이크', 즉 장기간의 휴식을 주로 생각한다. 예를 들어 제주도에서 한 달 살기를 하며 한동안 일 생각은 멀리하고 쉬는 것이다. 번아웃이 온 이들

## 멘탈 브레이크의 원리

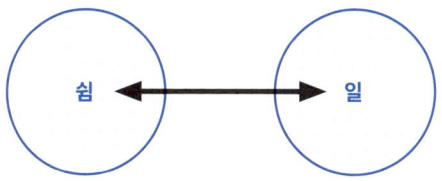

쉼은 스위치 오프가 아닌 모드 전환.

에게는 긴 휴식이 효과적이다.

그런데 이런 일도 있다. 기업 임원인 K씨가 회사에 해결해야 할 골치 아픈 일이 있는 와중에 기회가 있어 제주도에 내려갔다. 하지만 일을 처리하기 위해 계속 전화하고 메일을 보내야 했고, '오히려 그냥 사무실에서 일하는 것이 더 좋지 않았을까?'라는 생각이 들었다. 브레이크를 위해 시간을 내도 일 모드를 멈추지 못하면 소용이 없는 것이다.

롱 브레이크가 나쁘다는 건 전혀 아니다. 그런데 롱 브레이크보다 하루 중 소소하게 실천할 수 있는 작은 브레이크가 더 현실적이고 효과적일 수 있다. 이를 미니 브레이크라고 한다.

대단한 것이 아니더라도 좋다. 예를 들어 좋아하는 커피 한 잔을 하거나 마음 맞는 친구와 스몰 토크를 하고 산책을 하는 등 잠깐의 브레이크를 거는 것이다. 산책할 시간도 없으면 책상 위에 있는 작은 식물을 바라보기만 해도 미니 브레이크가 될 수 있다. 오히려 이런 작은 활동이 마음 충전에 더 큰 도움이 되기도 한다.

강연에서 이 내용을 이야기했더니 어떤 사람은 자신의 미니 브레이크는 '밀크티'라고 대답했다. 밀크티를 워낙 좋아해서 우리나라 프랜차이즈 카페에서 나오는 밀크티는 다 먹어보고 순위를 매길 정도인데, 다른 어떤 활동을 하는 것보다도 밀크티를 마실 때 가장 브레이크에 잘 이른다는 것이다.

이처럼 여러분도 나만의 미니 브레이크 리스트를 확보하는 것이 필요하다. 나이가 많다고 저절로 브레이킹 리스트가 쌓이는 것은 아니다. 나의 취향을 돌아보고 가꾸며 일의 공간에서 한 번에 빠져나올 수 있게 도와주는 행동들을 모아보자.

## 일 모드와 쉼 모드의 상호작용

앞서 뇌는 일을 할 때보다 일을 하지 않을 때 에너지를 고작 20퍼센트 덜 쓴다고 언급했다. 쉼 모드일 때도 뇌에서는 많은 일이 일어난다. 그래서 쉼 모드를 기본 모드라고 한다고 했다. 외부 세계와 접촉하며 목적 지향적 업무를 수행하는 일 모드에서 얻은 여러 정보를 기본 모드에서는 내면세계의 데이터베이스와 연결해 통합하는 작업을 한다.

일하는 모드에서는 외부 세계와 연결해 몰입하고 인지 기능을 활용하며 목적 지향적 행동을 수행한다. 반면 기본 모드에서는 공간을 확보해준다. 목표를 수행할 때 나는 주인공으로서 위치하지만, 기본 모드에서는 한 발짝 물러서 관찰자 위치에서 자신의 감정이나 생각 등을 살펴본다는 뜻이다. 그리고 이것을 바탕으로 다른 사람과의 대화나 감정, 그리고 소통 등 다양한 사회적 관계를 살펴본다.

또 내가 경험한 여러 일을 상기하는 과정도 이루어진다. 그러면서 자연스럽게 나는 누구인가, 내 삶은 어디로 흘러가는가 같은 내 인생의 서사narrative를 과거, 현재 그리고 미래를 오가며 통합한다. 더불어 창의성과 통찰력과 연관된 백일몽이라 할 수 있는 자유로운 마음 여행도 이 모드에서 일어난다.

## 마음에 잠시 시간을 주자

'일을 잘하기 위해서는 잘 쉬어야 한다'는 말을 한다. 더 정확히 표현하자면 잘 쉬어야 일을 잘 할 수 있다.

나는 한 신문사에 칼럼을 연재하고 있는데, 칼럼을 쓸 때 이 원리를 적극 활용한다. 이번 주에 어떤 칼럼을 쓸지 여러 정보를 검색하다가 어느 정도 주제를 선정하면 그와 관련된 최신 논문 자료를 여러 편 읽는다. 그리고 2~3일 정도 '마음'이라는 광야에서 입력된 정보가 이리저리 '방황'하게 하는 마음 여행의 시간을 갖는다. 입력된 자료들을 연결하고 통합하는 쉼 모드를 적극 활용하는 것이다.

그러다 보면 새로 입력된 지식이 이미 갖추고 있던 지식이나 과거 상담 경험 같은 메모리 데이터베이스와 상호작용하며 통합된다. 거기에 미래적, 창의적 통찰이 가미되어 내 정보 체계에 안착하는 느낌을 받는다.

자료를 읽고 잊어버리기 전에 빨리 숙제 같은 칼럼을 써버리는 것이 효과적이고, 하루라도 빨리 숙제를 끝내면 마음도 편해질 것 같지만, 실제로는 뇌를 잠시 쉼 모드에 둘 때, 즉 잠시 마음 여행의 시간을 줄 때 오히려 더 좋은 글을 효율적으로 쓸 수 있다는 걸 경험했다.

그런데 만약 일 모드일 때 자꾸 쉼 모드가 켜진다면 어떨까? 이는 업무에 몰입하는 것을 방해해 일의 효율을 떨어뜨린다. 집에서 공부나 일에 잘 집중되지 않을 때 적당히 시끄러운 카페에서는 오히려 집중력이 높아지는 경험을 한 적이 있을 것이다. 왜 그럴까? 적절한 외부 자극이 뇌가 쉼 모드로 빠지는 것을 막는 것으로 해석할 수 있다.

쉼 모드 작동에 문제가 생기면 치매, 우울증, 트라우마 등 정신 질환이 발생할 수 있다. 그만큼 쉼은 삶에서 일만큼이나 중요한 요소다. 그런데 질환까지는 가지 않더라도 요즘에는 쉬는 게 쉽지 않다.

과도한 걱정과 염려의 블랙홀이 일에서 건강한 쉼 모드로 전환되는 것을 막는다. 내면에서 부정적인 걱정과 두려움이 반복되는 반추 회로가 생기면 일하고 걱정만 하다가 하루를 보낸다. 그래서 뇌가 더 지치는 악순환이 반복된다. 마인드 부스팅을 위해서 그 블랙홀을 지나쳐 확실히 쉼으로 이동해야 한다.

마이크로소프트에서 직장인을 대상으로 연구를 진행했다.[1] 뇌파를 활용해 뇌 피로 정도를 측정한 것인데, A 직원에게는 쉬지 않고 화상 회의를 연달아 네 번 진행하도록 요구했고 B 직원에게는 네 번의 화상 회의를 진행하되 중간중간 미니 브레이크를 가지라고 요구했다.

결과는 어떻게 되었을까? 한 번도 쉬지 않고 연속으로 회의를 마친 A 직원의 뇌 피로도가 급격히 증가한 것을 확인할 수 있었다. 열심히 일한 만큼 뇌도 지친 것이다. 뇌 피로도가 높아지면 분노와 짜증 같은 부정적 감정이 일어나기 쉽다.

A 직원은 회사에서 치열하게 근무했음에도 하루를 마칠 때 '이 직장을 언제까지 다녀야 해, 확 그냥 때려치울까'라는 극단적인 생각을 하거나 '내가 뭐 하러 이러고 사나' 하는 허무함을 느낄 수 있다.

반면에 회의 사이사이 휴식을 취하며 미니 브레이크를 가진 B 직원은 회의를 모두 끝낸 후 뇌 피로도가 양호한 상태를 유지했다. 그러다 보니 감정 상태도 긍정적으로 유지할 수 있다. 하루를 마무리할 때도 '오늘 하루 최고였어'까지는 아니더라도 '오늘 나쁘지 않았네' 정도는 생각할 수 있다.

열심히 일한 직원은 부정적으로 하루를 마무리하고 오히려 쉬엄쉬엄 일한 직원은 긍정적으로 하루를 마무리한다는 것이 참 아이러니하다.

대부분은 열심히 살고도 만족감을 느끼지 못하고 스트레스 받는 직원 A와 같은 상태가 아닐까. 아무리 바쁘더라도 미니 브레이크를 가져야 우울한 마음이 환기되고 장기적으로 업무 성과를 높이는 데도 효과적이라는 사실을 증명한 실험이었다.

# 오늘 쌓인 메모리를 관리하라

### 머릿속 메모리가 내일을 좌우한다

과거, 현재, 미래 중 어느 시점이 제일 중요할까? 정답이 있는 질문은 아니지만 강연을 할 때 물어보면 '현재'라는 답변이 가장 많다. 사실 그렇다. 우리는 현재를 살고 있다. 현재에 만족하고 오늘에 몰입할 수 있다면 가장 이상적이다.

그런데 현재, 미래, 과거는 독립변수가 아니라 서로 영향을 미친다. 예를 들어 미래를 생각할 때 암담하고 어두운데 갑자기 현재인 오늘이 만족스럽기는 어렵다. 또 과거 1년을 돌아볼 때 허무하고 후회만 가득한데 갑자기 미래를 생각해보면 긍정적이기는 어렵다. 이처럼 현재는 미래에 영향을 받고 미래는 과거에 영향을 받는다.

그래서 과거를 관리하는 것이 현재와 미래에 큰 영향을 미치고 멘탈 관리에도 중요한 포인트가 된다. 과거를 다르게 표현하면 '메모리(기억)'다. 멘탈 관리를 잘한다는 것에는 여러 측면이 있지만 메모리 관리, 더 자세히는 매일 쌓인 오늘의 메모리를 어떻게 잘 관리하느냐가 중요하다.

과거 메모리에 크게 부정적 내용이 담긴 경우를 트라우마라고 한다. 과거의 기억이지만 이것은 현재와 미래에 부정적인 영향을 미친다.

과거의 트라우마 때문에 휴가를 생각하면 오히려 불안과 공포가 찾아온다는 어느 소방관의 사례도 있었다. 가족과 휴가를 갔는데 호텔에 들어서는 순간, 과거에 호텔에서 화재를 진압하다가 생긴 트라우마가 작동해버렸다. 그 이후 즐거워야 할 휴가가 다가오면 미래에 대한 불안 때문에 현재의 업무에도 잘 집중되지 않을 정도였다. 이처럼 부정적인 과거 기억이 미래에 불안을 주고, 결국 현재 만족감까지 떨어지는 상황이 벌어질 수도 있다.

그런데 비즈니스 심리 분야에서는 이런 강한 트라우마 말고 '미니 트라우마'라는 용어를 주로 사용한다. 미니 트라우마는 내가 의식할 수도, 의식하지 않을 수도 있는 기억이다. 우리가 직장 생활을 포함해 삶을 살아가다 보면 마음에 여러 생채기가 날 수 있는데, 이렇게 작은 생채기 같은 메모리도 쌓이다 보면 미래에 대한 긍정적 관점을 조금씩 부정적인 방향으로 틀어지게 한다는 것이다. 마치 미세 스트레스가 우리를 잠식하는 것과 같다. 이것을 예방하기 위해서는 매일의 메모리 관리가 반드시 필요하다.

## 오늘 하루의 엔딩 감성은 어땠는가

요즘은 "하루를 마칠 때 엔딩 감성이 어떠셨나요?"라는 질문을 자주 한다. 하루에 대한 기억을 마무리하는 감성을 '엔딩 감성'이라고 한다. 아이돌 그룹이 무대에서 공연을 마치고 난 뒤 멋진 엔딩 포즈로 마무리 짓는 것처럼 말이다. '아주 좋아', '멋진 하루', '내일이 기대돼', '내 인생은 잘 풀리고 있어' 같은 느낌을 가지면 좋은데 그런 답변을 들은 적은 거의 없다. 객관적으로 봤을 때 최선을 다해 열심히 사는 사람들도 엔딩 감성이 영 좋지 않다.

실제 오늘 기분 나쁘거나 스트레스를 많이 받는 사건이 있는 경우야 짜증으로 하루가 끝날 수 있다. 하지만 별일 없이 최선을 다해 하루를 보낸 경우는 논리적으로 생각하면 '굿데이'로 하루가 마감되어야 하지 않은가. 그런데 그렇지 않은 경우가 많다. 왜 그럴까?

그 이유는 역설적이게도 열심히 살았기 때문이다. 생물학적 시스템이라고 할 수 있는 뇌와 마음에 피로가 쌓인 것이다. 지친 뇌와 마음은 짜증과 분노를 일으키기 쉽다. 그러다 보니 최선을 다해 열심히 살았는데, 황당하게도 엔딩 감성이 부정적이니 하루 메모리가 통째로 부정적으로 입력될 수 있다.

이런 기억이 매일 쌓이다 보면 나도 모르게 미래를 보는 관점도 부정적으로 틀어진다. 현재에 대한 만족이나 몰입에도 부정적 영향을 미친다. 그런 현재는 다시 과거의 기억이 되고, 또 미래가 조금씩 부정석으로 틀어지는 악순환이 생길 수 있다. 반면 긍정적 엔딩 감성이 쌓이면 미래를 바라보는 관점도 조금씩 긍정적으로 변화할 수 있다.

한마디로 메모리 관리는 과거의 경험이나 기억을 현재의 감정 상태에 긍정적으로 활용하는 것을 의미한다. 기억과 감정을 조절하는 방법을 통해 하루의 기분을 긍정적으로 유지하는 접근법이다. 이를 구체적으로 실천하기 위해서 다음의 세 가지 방법을 추천한다.

**1. 기억 일지 작성하기**

매일 저녁, 오늘 경험한 긍정적 순간을 기록한다. 하루 동안 있었던 사건을 정리하고, 그중 긍정적인 부분에 집중해보자. 이 과정에서 부정적인 경험은 가능한 한 최소화하고, 긍정적인 요소를 확대하는 연습을 하게 된다. 이런 기록은 시간이 지나면서 긍정적인 기억을 저장하는 도구가 되며, 힘든 날에 다시 꺼내 보며 기분을 회복할 수 있다. 이런 기록은 하루를 마무리할 때 긍정적인 상태로 잠자리에 들도록 도와준다.

**2. 나 자신과 대화하기**

자신과 대화하면서, 긍정적인 기억이나 성공 경험을 스스로에게 상기시키는 습관을 들여보자. 예를 들어 "나는 이전에도 이런 어려움을 극복했어" 같은 자기 대화는 현재 받고 있는 스트레스를 줄이는 데 효과적이다.

### 3. 긍정적인 기억 떠올리기

하루를 시작할 때나 힘든 순간에, 과거에 행복했던 기억을 떠올리는 것도 좋다. 이를 통해 긍정적인 감정을 현재로 가져오고, 그로 인해 현재의 기분을 개선할 수 있다. 예를 들어 성공적으로 마무리한 프로젝트, 즐거웠던 여행, 사랑하는 사람과 쌓은 좋은 추억 등을 떠올려보자.

"오늘 하루 종일 안 좋은 일만 있었는데 어떡하나요?"라고 말하는 사람도 있을 것이다. 그러나 부정적 기억도 다른 관점에서 재해석할 수 있다. 예를 들어 실패했더라도 그 경험에서 배울 수 있는 교훈을 찾고 그것이 결국 자신을 성장시켰다는 사실에 집중한다. 이를 통해 부정적 기억이 오늘의 엔딩 감성을 해치지 않도록 방지할 수 있다.

이러한 메모리 관리 기법은 하루의 기분을 더 긍정적으로 유지하는 데 도움이 된다. 감정은 기억에 영향을 받는다. 그렇기 때문에 긍정적인 기억을 관리하고 활용하는 것은 기분 관리에 효과적인 전략이 될 수 있다.

# 180도가 어렵다면
# 1도씩만 관점을 바꿔라

### 미래를 보는 관점이 미래를 바꾼다

마인드 관리라고 하면 대부분 불안한 마음을 다스리는 감정 관리를 우선적인 목적으로 생각한다. 덜 불안하고 더 편안하고 행복한 마음으로 사는 것은 당연히 중요하다. 그러나 나에게 마인드 관리를 어떻게 해야 하느냐고 질문한다면 '사주팔자 관리'가 일순위라고 말하고 싶다. 엉뚱한 답변으로 들릴 수 있는데 '내가 미래를 바라보는 관점을 어떻게 갖느냐'가 실제 미래에 영향을 주기 때문이다.

미래에 대한 관점을 1도만 긍정적으로 바꾸어도 무언가를 결정하는 능력이나 창의력, 도전 의식 등이 살아난다. 당연히 미래가 긍정적인 방향으로 흘러갈 가능성이 커진다. 이는 누구나 아는 당연한 이야기다. 그러면 "오늘부터 긍정적으로 살자, 파이팅!" 하면 그만이고 책을 더 쓸 필요도 없다.

그런데 웬일인지 이게 잘 안 된다. 에너지가 충분할 때는 마인드 컨트롤로 힘을 내고 인생을 바라보는 관점을 긍정적으로 바꿀 수 있지만, 무기력에 빠지면 그럴 에너지가 충분하지 않기 때문이다. 이럴 때 어떻게 하면 무기력에서 벗어날 수 있을까? 나는 '프레임의 각도를 1도만 틀어보라'고 답변한다. 여기서 프레임이란 '자신에 대한 평가 스타일'을 뜻한다. 자신에 대한 평가를 1도라도 긍정적인 방향으로 바꿀 때 회복 탄력성이 좋아진다. 마음의 작은 변화가 미래에 커다란 영향을 줄 수 있기 때문이다.

동일한 상황이라도 부정적 프레임으로 자신을 평가하면 타인과의 관계나 판단력, 도전 의식 등에 문제가 생겨 미래가 점점 불편한 방향으로 흘러갈 확률이 높아진다.

하루아침에 부정적인 마음을 긍정적인 방향으로 바꾸는 건

당연히 어렵다. 특히 요즘처럼 모두가 정체에 빠져 있는 시기에는 무기력을 180도 돌리려는 노력은 또 다른 스트레스 요인이 될 수 있으며 포기하기도 쉽다. 그래서 부정적인 생각을 180도 돌리겠다는 생각보다는 우선 1도만이라도 틀어보라는 것이다. 상대적으로 마음의 저항이 덜하도록 1도만 바꾼다는 생각이 중요하다. 이를 위해서는 일상에서 긍정적인 관점을 가질 수 있는 행동이나 습관을 루틴화하는 것도 좋다.

내 마음속에 살고 있는 '감정'은 청개구리 수준으로 말을 듣지 않는다. 그래서 감정보다는 내가 통제 가능한 '말'로 조정하는 것이 효과적이다. 그래서 자주 쓰는 부정적인 말을 두세가지 찾아서 수정해보는 것도 도움이 된다.

예를 들어 "나이가 너무 많아요"라는 말보다 "오늘은 내 인생에서 가장 젊은 날이다"라는 식으로, "나는 예민한 편이라 피곤해"보다 "내 멘탈은 정말 고성능이야"라는 식으로 고쳐서 말해보라. 이러한 작은 언어 습관의 변화는 나비효과처럼 나에게 긍정적인 효과로 돌아온다.

## 상황을 긍정적 관점에서 다시 해석하기

회복 탄력성은 무기력에서 벗어나는 멘탈 관리의 핵심 목표이기도 하다. 회복 탄력성이 있어야 위기 상황에서 좌절에 빠지지 않고 이를 딛고 성장에 이를 수 있다. 이를 '위기 후 성장post-crisis growth'이라고 한다.

위기 후 성장은 사람들이 큰 위기나 외상을 겪은 후, 그 경험을 통해 심리적, 정서적으로 더욱 강해지고 성숙해지는 과정이나 현상을 의미한다. 팬데믹 이후 지구인들의 정신건강 문제에 적신호가 켜진 지금 상황도 현명하게 대처해 한 단계 성장하는 계기로 삼아야 할 것이다. 위기 후 성장에는 크게 네 가지 순기능이 있다.

**첫째, 개인적으로 강인해진다.**

사람들은 심각한 위기를 극복하면서 자신의 회복력과 내적 강인함을 발견하게 된다. 이를 통해 자신에게 어려운 상황을 극복할 수 있는 능력이 있음을 깨닫는다.

**둘째, 관계를 재평가하게 된다.**

사람들은 위기를 겪은 후 인간관계의 가치를 재평가하게 된다. 그러면서 중요한 사람들과의 관계가 더욱 끈끈해진다.

**셋째, 새로운 가능성을 발견하게 된다.**

사람들은 위기를 경험한 뒤 삶의 새로운 가능성이나 기회를 탐구하게 되며, 이는 이전에 생각하지 못했던 새로운 방향으로 나아가는 데 도움을 줄 수 있다.

**넷째, 삶에 대해 감사하게 된다.**

사람들은 위기를 극복한 후 일상적인 것에 대해 더 감사하는 마음을 가지게 되는 경우가 많다. 또 위기 이후 삶의 의미나 목적을 다시 생각하게 되고, 철학적인 신념에 변화가 생길 수도 있다.

개인적으로 성장이라는 단어를 좋아하지 않지만, 삶 자체가 스트레스이고 지구 전체가 변화로 요동치는 상황에서 좌절이나 성장이냐, 두 옵션 중 하나를 고를 수밖에 없다면 당연히 성장이다. 이와 관련해 '긍정적 평가 스타일 positive appraisal style'의 중요성이 강조되고 있다. 긍정적 평가 스타일이란 미래에 대한 긍정적인 시각을 갖는 것이다.

이는 모든 것을 좋게 본다는 것과는 의미가 다르다. 현실에서 마주하는 어려움, 미래에 대한 불확실성 때문에 눈앞이 깜깜할 수 있다. 하지만 어둠을 뚫고 창문을 통해 한 줄기 햇살이 들어오는 것처럼 어려움 속에서도 일말의 작은 용기와 여유를 갖는 것을 말한다. 현 상황에서 긍정적인 요소를 하나라도 찾아내는 긍정적 평가는 회복 탄력성을 증진하는 데 도움이 된다.

최근 87개국 약 2만 명을 대상으로 진행된 연구는 '긍정적 평가 스타일'을 강화하는 '재평가reappraisal' 기법을 훈련한 경우 부정 감정 반응은 줄고 긍정 반응이 증가했다고 보고했다.[2]

재평가 기법은 특정 상황이나 사건에 대한 감정적 반응을 변화시키기 위해 그 상황을 다시 해석하거나 의미를 새롭게 부여하는 기법이다. 쉽게 말해 같은 사건에 대한 관점을 전환하는 것이다. 이는 감정 조절의 방법 중 하나로, 부정적 감정이나 스트레스를 감소시키는 데 매우 효과적이다.

예를 들어 지난 팬데믹 시기를 '사람도 못 만나고 운이 나빠 이런 시기를 보낸다'라고 부정적으로 평가하는 것이 아니라, '사회적 거리는 나와 사랑하는 이들을 바이러스에서 지킬 수 있는 효과적 방법이다'라는 긍정적 시각으로 재평가하는 것이다.

미래의 변화에 집중하는 재평가 기법도 있다. 예를 들면 코로나19 팬데믹에 대해 이렇게 평가할 수 있다.

'코로나19 위기는 사회적 연결의 중요성을 일깨우고, 누가 나에게 소중한지 가슴 깊이 느끼게 해주었으며, 의료 시스템의 위기 상황에 대한 대처 능력도 증가시켜 미래에 보다 진보된 의료 서비스를 받을 수 있는 계기가 될 것이다.'

이처럼 인지 재평가를 통해 관점을 전환하는 것이 가능하다. 주어진 상황을 새로운 시각으로 바라보고, 그 상황이 반드시 부정적이거나 위협적인 것만은 아니라는 인식을 갖게 하는 것이다. 이를 통해 감정적 반응을 더 긍정적이고 건설적인 방향으로 유도한다. 똑같이 스트레스를 받아도 어떻게 대처하느냐에 따라 회복 탄력성이 증가하고, 몸과 마음에 미치는 부정적 영향을 최소화할 수 있다.

연구에 따르면, 재평가 기법을 자주 사용하는 사람들은 삶의 만족도가 더 높고 더 낮은 수준의 스트레스를 경험한다고 한다. 정치적 갈등 문제에도 인지 재평가 기법이 도움이 된다는 연구가 있다.

예를 들어 실험 상황에서 이스라엘인 피실험자들에게 팔레스타인과의 갈등과 관련된 사진 등 정치적으로 분노를 유발할 수 있는 콘텐츠를 보여주었다. 그리고 감정적 대응이 아닌 객관적이고 분석적인 태도로 사건을 재평가하도록 훈련했을 때 분노 감정이 줄었고, 미사일 공격 같은 공격적 정책보다 평화석인 해결 정책을 선택했다.

세상을 바라보는 태도를 변화시키는 '관점 전환'은 스트레스 관리는 물론 갈등 해결 등 리더십 영역에서도 효과적이다. 이는 일견 너무 쉬워 보이지만, 실제 적용하는 데는 꾸준한 연습과 적용이 필요하다.

### 재평가 기법 훈련하기

긍정적 평가 스타일을 강화하는 재평가 기법을 훈련해보자. 다음을 하나씩 실천함으로써 긍정적 감정은 키우고 부정적 감정은 줄일 수 있다.

**1. 상황을 긍정적으로 재해석하기**

현재 닥친 어려운 상황을 새로운 관점에서 바라보라. 예를 들어 실패를 단순한 좌절이 아니라 배우고 성장할 기회로 보는 것이다. '이번 실수 덕분에 다음에는 더 나아질 수 있을 거야'라는 식으로 생각을 전환한다.

**2. 감사 일기 쓰기**

매일 저녁, 하루 동안 감사했던 일을 적어보자. 사소한 것이라도 괜찮다. 예를 들어 좋은 날씨, 친절한 사람과의 대화, 맛있는 식사 등을 기록하는 것이다. 이를 통해 긍정적인 부분에 집중하는 습관을 기를 수 있다.

**3. 긍정적인 자기 대화 연습**

스스로에게 긍정적인 말을 자주 건네라. 예를 들어 "나는 이 상황을 극복할 수 있어", "오늘 조금 더 나아졌어" 같은 말을 반복해보자. 이는 자신감과 긍정적인 태도를 강화하는 데 도움이 된다.

**4. 긍정적 결과 상상하기**

앞으로 다가올 도전이나 과제에 대해 긍정적인 결과를 상상해 보라. 가령 프로젝트를 성공적으로 완수하거나 목표를 달성했을 때 느끼는 기쁨을 미리 상상하는 것이다.

**5. 긍정적인 사람들과의 교류**

긍정적 에너지를 주는 사람들과 시간을 보내자. 그들의 긍정적 태도는 감염성이 있으며, 당신의 기분에도 긍정적 영향을 미칠 수 있다. 반대로 부정적 감정을 자주 표현하는 사람들과는 거리를 두는 것도 중요하다.

**6. 과거의 성공 경험 상기**

과거에 성공적으로 해결했던 문제나 극복했던 어려움을 떠올리자. 이 경험들은 자신이 어려움을 극복할 능력이 있음을 상기시키며, 현재의 무기력감을 줄이는 데 도움을 준다.

이러한 방법을 꾸준히 실천함으로써 긍정적 사고방식을 강화하고, 무기력한 상태에서 벗어날 수 있다. 중요한 것은 일상에서 긍정적 평가를 습관화하는 것이다.

# 행복 강박에서 벗어나라

### 편안하기만 한 삶은 없다

"비가 오면 우울한데 우울증일까요?"라는 고민으로 상담하러 온 사람이 있었다. 나의 답변은 "비가 올 때마다 기분이 좋다면 정상일까요?"였다. 실연당해 계속 마음이 아픈데 유리 멘탈에다 잘 떨쳐내지 못하는 자신이 한심하다고 찾아오는 경우도 있다. 그러면 이렇게 답변한다.

"아니, 실연하고 아무렇지도 않다면 잘못된 연애를 한 것이

죠. 어떤 이유든 이별한 뒤에 오랫동안 아픔을 느끼는 것은 역설적으로 제대로 사랑했다는 증거 아니겠어요?"

비 오는데 매일 즐겁고, 실연해도 그다음 날부터 아무렇지도 않은 것이 마음이 강한 것이고 행복인 것인가? 그런 인생을 사는 것이 가능할까? 가능할 수도 있겠지만 자연스러운 것도 건강한 것도 아니다.

불안감으로 힘들어하는 사람도 많다. 열심히 최선을 다하고 있는데 미래는 불안하고 과거보다 행복하지 않다는 이야기를 하루에도 여러 번 듣는다. 고민을 듣는 나의 마음도 사실 비슷하다. 이처럼 불안한 이유는 무엇일까. 미래 불안의 대표적인 원인은 바로 불확실성이다. 불확실성이 오늘의 만족감과 행복감을 짓누르기 때문이다.

누구나 그냥 편히 살고 싶다는 바람을 가진다. 그런데 냉정하게 말하면, 감정적으로 편한 인생이란 것은 존재하지 않는다. 마음 편하게 살고 싶다는 건 굉장히 소탈한 목표 같지만, 나는 그것이 불가능한 목표라고 생각한다. 마치 100퍼센트 행복한 삶이 없는 것처럼 말이다.

## 행복해야 한다는 '셀프 가스라이팅'을 멈춰라

도대체 행복이란 무엇일까? 오랜 시간 많은 학자가 이에 대해 답을 찾고자 행복에 대한 연구를 해왔다. 그 때문에 어떤 요인이 사람을 행복으로 이끄는지, 행복한 사람은 무엇이 달라지는지에 대한 다수의 연구 데이터가 쌓였다. 이렇듯 행복에 대한 관심이 증가하고 그것이 삶의 중요한 목적이 되는 것은 좋지만, 무엇이든 균형이 중요하다.

내가 행복한지 아닌지 판단하려고 지나치게 집착하다 보면 오히려 행복과 멀어지기도 한다. 반드시 행복해야만 한다는 일종의 '행복 강박' 현상이 나타나기 때문이다.

이러한 현상은 행복과 관련된 올바르지 않은 관념 때문이기도 한데, 우리가 흔히 갖는 행복에 대한 프레임을 점검해보자.

1. 행복은 모든 인간 존재의 자연 상태다.
2. 행복하지 않다면 결여된 것이다.
3. 더 나은 삶을 살기 위해서는 부정적 감정을 제거해야 한다.
4. 자신의 생각과 감정을 통제할 수 있어야 한다.

위의 네 가지 프레임을 한마디로 정리하면, 우리는 행복이 인생의 디폴트값이라고 생각한다는 점이다. 행복하지 않으면 내 인생에, 더 나아가 내 유전자에 결함이 있다고까지 생각한다.

행복을 즐거움, 기쁨 같은 긍정적 감정이라고 평가하다 보니 행복하게 살기 위해서는 부정적 감정은 제거해야 한다고 믿기도 한다. 부정적 감정은 불행의 증거이기 때문이다. 자신의 부정적 생각과 감정을 통제하는 것, 즉 마인드 컨트롤이 행복을 부르는 가장 기본적인 기술로 평가받았던 이유다.

마인드 컨트롤을 하지 못했다는 것은 극단적으로 이야기하면 내가 삶의 루저이고, 불행한 유전자를 지니고 태어났다는 의미인 셈이다. 이런 논리의 흐름이 사실일까?

결론부터 말하자면 사실이 아니다. 살면서 좌절, 분노, 두려움, 수치심 등 부정적 감정을 느끼는 것은 자연스러운 일인데, 이런 감정들을 느끼면 불행하다고 치부하다 보니 부정적 감정을 제거해야만 행복하고 편안한 감정 상태를 유지할 수 있다고 믿는 것이다. 왜곡된 프레임이 작동한 결과다. 불행한 경험이나 요소를 제거한다고 행복해지는 것이 아니다.

행복해야 한다는 강박에 시달리다 보니 요즘 문제가 되는 것이 '셀프 가스라이팅 self-gaslighting'이다. 부정적 감정과 생각은 인간에게 나타나는 지극히 정상적인 반응이다. 불안과 무기력 같은 부정적 감정을 느낀다고 해서 인생이 불행해지는 것은 전혀 아니라는 뜻이다. 오히려 불안할 때 불안하지 않으면 그것이 불행일 수 있다. 자신의 감정을 왜곡하고 있다는 뜻이기 때문이다.

가스라이팅이란 사실이나 사건을 의도적으로 왜곡해 상대방의 심리를 조작하는 기법으로, 주로 연인 관계나 직장 내에서 관련된 문제 때문에 불거졌다. 그런데 최근에는 스스로에게 가하는 셀프 가스라이팅이 많아지는 추세다. 스트레스를 받거나 커다란 변화에 압박감을 느끼는 것을 자신이 나약하다는 증거라 생각하고 이를 자책하며 자신을 몰아붙이는 상황이 여기에 해당한다.

'나는 나약해'라고 생각하며 스스로를 채찍질하다 보면 2차 스트레스를 받는다. 그러면 이런 경우 회피 반응이나 무기력이 찾아올 수 있으며 심각하면 주관적 자아 효능감, 즉 내가 해낼 수 있다는 의지를 꺾어버린다. 이는 삶에 대한 역량을 떨어뜨릴 수 있는 위험한 상황으로 이어질 수 있다.

우울, 불안, 슬픔, 무기력, 좌절 등 부정적 감정이 느껴진다고 해서 이를 모두 지우고 행복의 감정만 남겨야 한다는 생각은 앞서 말한 행복 강박에 해당한다. 그런 점에서 1, 2차 스트레스의 개념이 중요하다.

우리가 관리해야 할 대상은 2차 스트레스이며, 1차 스트레스는 삶의 애환으로 자연스럽게 받아들여야 한다. 1차 스트레스에서 부정적 감정을 완벽하게 조절해야 행복해진다는 생각은 허상일뿐더러 그렇게 했다가는 진짜 불행이 찾아올 수 있다.

## 주관적 행복과 감정적 행복

한 철학서에서 행복과 관련한 흥미로운 내용을 접했다. 사람들이 행복을 주관적인 감정으로 생각하기 시작한 것은 17~18세기 이후이고, 그 전까지는 행복을 객관적인 사실 또는 외부의 평가로 판단했다는 것이다.

예를 들어 그리스 시대에는 어떤 사람의 감정 상태와는 상관없이 그 사람이 가치 있게 살고 있다고 주변에서 객관적인 평가를 받으면 그것이 행복이었다는 것이다. 지금은 모두가 행복감을 주관적인 감정으로 여기다 보니 객관적 행복이라는 것

## 행복이란 무엇인가

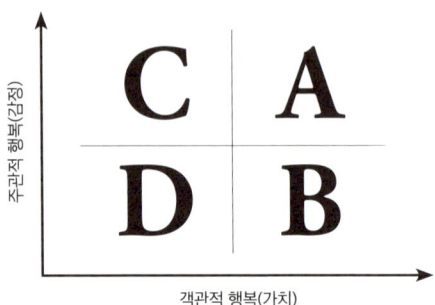

이 논리적으로는 이해가 가는데 잘 와닿지 않는다.

그래서 행복을 객관적 행복과 주관적 행복으로 나누어 생각해보려고 한다. 위의 그래프를 보면 X축은 객관적 행복, 즉 가치 있는 삶을 뜻한다. Y축은 주관적 행복으로, '행복하다'는 감정을 느끼는 것을 말한다. 가치 있고 주관적인 행복감도 큰 A 상태라면 최상일 것이다.

엉뚱한 질문을 하나 해보겠다.

"이순신 장군은 이 그래프에서 어디에 속할까?"

대한민국 국민이라면 모두 존경하는 역사적 인물이자 그의 삶의 가치를 평가하자면 돈으로 환산할 수 없을 정도다. 반면 그의 개인적 삶을 생각하면 주관적 행복도가 그렇게 높았을 것 같지는 않다. 당연히 이순신 장군을 직접 만난 적은 없지만 수세에 밀리는 전투 스트레스도 모자라 모함을 받고, 자녀를 잃는 슬픔을 겪은 것까지 생각하면 기쁨을 느끼는 잠시 동안 A의 순간도 있었겠지만 대체로 B의 영역에 속하지 않았을까.

사실 이순신 장군뿐만 아니라 인간의 행복 최대치가 A에 잠시 머물다가 대체로 B에 속하는 게 아닌가 싶다. 남들이 어떻게 평가하거나 가치 있는 삶과는 거리가 멀어도 개인적 만족감이 높은 C로 사는 것도 좋지 않겠냐고 생각하는 이들도 있다. 하지만 인간이라면 누구나 남들이 인정할 정도의 가치 있는 삶을 살고 싶은 욕구가 있지 않은가. 그런데 그 가치를 측정하는 기준도 여러 가지다. 꼭 경제적 성공이 아닐 수도 있다. 이순신 장군도 가치 있는 삶을 살았지만, 지금 기준으로 최고의 권력과 부를 축적한 것은 아니다.

우리는 이순신 장군 같은 대단한 영웅이 아니다. 하지만 최선을 다해 살고 있다면 충분히 가치 있는 삶이고, 객관적 행복 측면에서 행복한 사람이 맞다. 이 사실을 받아들이면 좋겠다.

그런 의미에서 내가 추구하는 가치를 감정처럼 받아들이는 연습이 필요하다. 내 행복을 감정에만 의존하면 영원히 행복에

닿지 못할 것이다. 감정을 조절하는 것은 정말 어려운 영역이기 때문이다. 그저 하루하루 착실하게 할 일을 하고, 인생을 의미 있는 일로 채워나간다면 그 자체가 객관적 행복으로 향하는 길이 되어준다.

'나 정말 행복해'라는 감정을 기반으로 한 주관적 행복에 대해서도 큰 기대를 버려야 한다. 나는 한 달 동안 5분만 행복해도 나쁘지 않다고 이야기한다. 5분이라니, 너무 야박한 듯하지만 충분하다.

감정이 아니라 가치를 중심으로 삶의 기준을 잡을 때 역설적으로 주관적 행복이 찾아오게 되어 있다.

감정에 적당한 거리를 두고 가치라는 좌표를 향해 행동을 취할 때 오히려 감정도 슬그머니 긍정적으로 따라오기 마련이다. 이를 심리 용어로 감정을 있는 그대로 자연스럽게 둔다는 뜻으로 '수용 acceptance'이라고 표현한다. 영화 스크린에 비치는 영화를 보듯 그냥 내 감정을 물끄러미 응시하는 것이다.

"공포는 반응이고 용기는 결정이다."

제2차 세계대전 당시 영국 총리였던 윈스턴 처칠이 국민들의 사기를 복돋기 위해 한 말이다. 이 말 역시 공포라는 감정과 거리를 두고 용기라는 가치에 전념하자는 메시지를 담고 있다.

세상에는 용기 외에도 인내, 사랑, 배려 등 다양한 가치가 존재한다. 힘든 하루를 버텨냈다면 수많은 가치를 얻은 것이나 다름없다. 그러니 나는 충분히 가치 있는 삶을 살고 있다고 스스로를 존중해보자.

하루의 끝이 피곤하고 짜증으로 가득해도 가치 있게 하루를 보냈다면 객관적으로는 행복한 하루인 것이다. 친구와 다투고 연인과 싸우고 부부 싸움을 크게 했다면 감정은 엉망이겠지만, 내 안에 미안한 마음이 있고 사랑이 있고 회복하고자 하는 마음이 존재한다면 더 좋은 관계로 발전할 수 있는, 객관적으로 가치 있는 하루를 보낸 것이다.

## 불편한 감정은 있어도 나쁜 감정은 없다

삶에는 희로애락이 있고, 여러 감정이 오가는 것이 자연스럽다. 즉 불편한 감정도 삶에서 중요한 감정 중 하나로 받아들여야 한다. 우울한 일이 생겼을 때 우울한 것은 자연스러운 것이다. 오히려 우울을 즐기지 못하면 행복하기 어렵다. 삶을 살다 보면 우울한 일투성이이기 때문이다.

앞서 말했듯 미세 먼지 같은 환경 요인도 우울을 불러일으킨다. 그렇다고 '아, 미세 먼지가 좋다'라고 억지로 긍정적으로 생각하는 것도 이상하다. 그럴 때는 찾아오는 우울을 자연스러운 것으로, 있는 그대로 받아들여야 한다. 이것을 수용할 때 역설적으로 마음이 편해질 수 있다.

그러므로 부정적이고 불편한 감정도 너무 억압하지 말자. 그 우울을 적당히 내 삶의 감정 중 하나라 여기고 자연스럽게 파도타기하듯 관망하는 여유를 갖는 연습도 필요하다. '우울은 곧 불행이다!'라는 공식을 세우는 순간 인생이 너무 피곤해진다.

우울하기도 한 것도 인생이고 그런 우울을 느낄 수 있는 것도 삶의 의미다. '그렇게 나쁘지만은 않아'라고 생각하는 여유가 필요하다. 차라리 억압할 에너지로 오늘 하루 의미 있는 일에 전념하는 것, 즉 행동을 하는 것이 중요하다.

행복 강박에서 벗어나기 위해 다음과 같은 방법을 실천할 수 있다.

### 1. 행복의 다양한 정의 수용하기

행복을 한 가지 방식으로 정의하지 않고 다양한 형태로 수용하자. 행복은 반드시 긍정적 감정만 의미하지 않으며, 때로는 슬픔이나 어려움을 겪는 과정에서도 깊은 만족감을 느낄 수 있다. 예를 들어 어려운 상황에서 성숙해지거나 도전을 완수해낸 후에 성취감을 느끼는 것도 행복의 일환으로 받아들일 수 있다.

### 2. 부정적 감정 수용하기

모든 감정은 인간 경험의 일부이며, 부정적 감정도 자연스럽고 필요하다는 것을 인정하자. 슬픔, 분노, 불안 등을 억누르기보다 이러한 감정이 왜 발생했는지 이해하고 받아들이자. 부정적 감정을 경험하는 것이 잘못된 게 아니라, 이를 통해 성장할 수 있다는 점을 인식해야 한다.

### 3. 비교 멈추기

자신을 다른 사람과 비교하는 것을 멈추고, 자신의 삶을 있는 그대로 받아들이자. 행복 강박은 종종 다른 사람들의 삶과 자신을 비교하는 데서 비롯되며, 이것은 불필요한 스트레스와 불만족을 초래할 수 있다. 자신의 가치를 외부에서 찾기보다 자신만의 기준을 세우고 그에 따라 살아가는 것을 목표로 삼자.

**4. 현재에 집중하기**

지나치게 세부적인 미래 계획이나 목표를 설정하는 대신, 현재에 집중하는 연습을 하자. 행복을 미래에 도달해야 할 목표로 설정하기보다 지금 이 순간에 느낄 수 있는 작은 즐거움이나 만족을 소중히 여겨야 한다. 명상을 하거나 단순한 일상 활동에서 느껴지는 즐거움에 집중하는 것이 도움이 된다.

**5. 완벽주의 버리기**

완벽한 행복을 추구하는 완벽주의에서 벗어나는 것이 중요하다. 삶은 불완전하며, 모든 순간이 완벽할 필요는 없다. 실수를 용납하고, 때로는 계획대로 되지 않는 상황을 받아들이는 것이 필요하다. 삶의 모든 부분이 완벽하지 않더라도, 그 안에서 행복을 찾을 수 있다는 사실을 기억하자.

**6. 자기 돌봄 실천**

자기 자신을 돌보고, 휴식을 취하는 데 시간을 투자하자. 행복을 강박적으로 추구하는 대신, 일상에서 자신을 돌보는 시간을 가지면서 균형을 유지하는 것이 중요하다. 충분한 수면, 규칙적인 운동, 건강한 식습관을 유지할 뿐 아니라 앞서 행동 활성화에서 설명했듯 자신의 기분을 좋아지게 하는 활동을 즐기는 것이 좋다.

**7. 행복의 외적 지표에서 벗어나기**

물질적 성공이나 사회적 인정 같은 외적 지표를 행복의 기준으로 삼지 말자. 내면의 가치와 삶의 의미를 재발견하고, 각자 자신에게 진정으로 중요한 것이 무엇인지 탐구하길 바란다.

행복 강박에서 벗어나기 위해서는 행복에 대한 고정관념을 버리고, 더 넓고 유연한 시각을 가지는 것이 중요하다. 자신에게 압박을 가하지 않고, 현재 삶을 있는 그대로 받아들이며, 작은 순간 속에서 행복을 찾는 연습을 통해 진정한 행복감을 느낄 수 있다.

# 왜곡된 관점을 바꿔야 인생이 달라진다

## 당신의 생각은 얼마나 왜곡되어 있는가

온갖 스트레스로 인생의 난이도가 점점 어려워진다고 느끼는가? 아마 많은 사람이 그렇게 느낄 것이다. 그런데 '세상은 생각보다 살 만하다'란 이야기로 베스트셀러가 된 『팩트풀니스』라는 책이 있다. 저자들은 사람들이 세상을 잘 몰라 사실에 충실한 책을 썼다고 하는데, 책에 소개된 상식 테스트를 소개해 보겠다.

'오늘날 전 세계 1세 아동 중 어떤 질병이든 예방접종을 받은 비율은 몇 퍼센트일까?'란 질문이다. 1) 20퍼센트, 2) 50퍼센트, 3) 80퍼센트 중 선택하도록 한 객관식 문제다. 그런데 의외의 결과가 나왔다. 정답은 3번 80퍼센트다. 보건학자들을 대상으로 질문을 한 경우에도 정답과 아주 동떨어진 1번 20퍼센트라고 답한 사람이 69퍼센트에 이르렀다는 것이다. 나 역시 틀렸다.

예방접종을 하기 위해서는 보건 및 저온 유통 시스템을 어느 정도 갖추어야 하는데, 그런 시스템을 갖추지 못한 가난한 나라가 대다수라는 인식이 우리 마음에 존재하는 것이다. 책에서는 왜곡에서 벗어나 진실을 보면 세상은 나름 꾸준히 괜찮아지고 있다고 주장한다. 요즘처럼 지구가 힘든 상황에선 은근히 위로와 희망을 주는 말이다.

이것은 단순 무지를 넘어 사실에 대한 적극적인 인지 왜곡이 마음에서 일어났다는 뜻이다. 인지 왜곡은 현실을 부정확하게 해석하거나 왜곡된 방식으로 생각하는 패턴을 의미한다. 이는 주로 부정적 감정과 행동을 유발한다. 그래서 인지 왜곡은 우울증이 왜 찾아오는지 설명하는 심리 요인 중 하나이기도 하다. 우울한 사람은 자신이 처한 상황을 실제보다 더 부정적이고 어둡게 바라보는 경향이 있다.

인지 왜곡의 한 예로 '이분법적 사고'가 있다. 이분법적 사고는 복잡한 문제나 상황을 두 가지 상반된 범주로만 나누어 보는 사고방식이다. 예를 들어 누군가 내 인사를 받아주지 않았을 때 '저 사람은 나를 싫어해'라는 식으로 극단적으로 해석하는 것이다. 사실은 내 목소리가 작아서 못 들었거나 상대방이 일에 집중하다 보니 반응하지 못했을 수도 있다. 상대방이 인사를 받지 않은 이유는 여러 가지일 수 있는데, 다양한 가능성을 고려하지 않고, 인사를 받아주지 않았다는 단 하나의 행동으로 상대방이 나를 무조건 싫어한다고 결론짓는다.

'과도한 일반화'도 인지 왜곡 중 하나다. 연애를 하다 헤어졌는데 내 사주팔자에 이성 운은 없다고 단정해버리는 것을 예로 들 수 있다. 사실은 실패 경험 없이 좋은 짝을 만나는 경우는 거의 없다. 오히려 헤어짐도 경험해야 이성관이 명확해지고 소통 기술도 늘어난다. 그런데 단일 경험이나 제한된 데이터에 기초해 모든 미래의 가능성을 부정적으로 결론짓는 것은 과도한 일반화다.

내 생각과 감정, 그리고 현실을 과학자처럼 하나의 데이터로 냉정하게 바라보자. 이는 과도한 염려나 불안 또는 왜곡된 인지 프레임에서 한발 벗어나 정확한 현실 인식과 자기 인식을 하고, 그 안에서 위기 후 성장을 가능케 하는 내면의 용기와 긍정성을 이끌어내는 과정이다.

## 왜곡된 인식의 틀에서 벗어나자

나를 불편하게 할 수 있는 왜곡된 틀의 영향에서 한 발짝 물러나는 것을 '인지 탈융합cognitive defusion'이라고 한다. 생각과 융합된 나의 마음을 잠시 분리하고 현재에 중요한 것에 집중하기 위한 기법이다.

무기력한 상태에서는 종종 '나는 할 수 없어', '아무리 노력해도 소용없어' 같은 부정적 사고가 반복된다. 이러한 생각에 휩싸이면 행동을 하지 않게 되고, 이는 무기력감을 더 심화할 수 있다.

인지 탈융합은 이러한 부정적 생각과 감정에 휩싸이지 않도록 하는 데 효과적이다. 이 기법을 통해 사람들은 생각을 단순히 마음에 떠오르는 이벤트로 보고, 그 생각에 따라 행동하는 대신 자신의 가치나 목표에 따라 행동할 수 있게 된다.

우울이란 감정이 생길 때 내 생각과 행동은 거기에 달려들어 반응하는 경우가 대부분이다. 일종의 융합 현상이 일어나는 것이다. 부정적 융합 현상이 일어나면 우울감에 휩싸여 오늘에 몰입할 수 없고, 미래에 대한 시나리오도 부정적으로만 그려진다.

이런 융합 반응을 끊어주는 간단한 방법으로 '~라는 생각이 드네'라고 생각하는 방법이 있다. 나의 감정을 하나의 정보처럼 처리하는 마음 연습이다.

예를 들어 회사에서 안 좋은 피드백을 받았다고 생각해보자. 열심히 준비한 프로젝트일수록 억울한 마음이 밀려올 것이다. 자신의 노력을 몰라주다니 화가 날 수도 있다. 이처럼 스트레스가 융합 반응을 일으키면, 나에게 단 하루인 소중한 오늘을 불안과 우울, 그리고 짜증으로 보내기 쉽다.

스트레스로 우울과 불안이 느껴질 때 거기에 내 삶을 연결해 융합하지 말고 스스로를 향해 말해보자. '내가 부정적인 피드백을 받아서 화를 내고 있구나'라고 먼저 거리를 둔 후에 '이 힘든 것에도 가치와 의미가 있지 않을까. 그 의미를 생각하며 다시 힘내보자'라고 말이다. 이렇듯 위기 신호를 하나의 정보로 모아 처리하고, 오늘을 사는 인지 탈융합 연습이 필요하다.

## 인지 탈융합 연습하기

인지 탈융합은 자신의 생각이나 감정과 거리를 두고, 그것들을 단순히 생각이나 감정으로 인식하도록 돕는 방법이다. 다음과 같이 실천해보자.

**1. 생각을 외부화하기**

부정적 생각이 떠오를 때 '나는 할 수 없어'라는 생각을 '내가 할 수 없다고 생각하는구나'로 바꾸어보라. 이를 통해 생각과 자신을 분리할 수 있다.

**2. 생각을 관찰하기**

떠오르는 생각을 마치 구름이 지나가는 것처럼 관찰하자. '이 생각이 지나갈 것이다'라는 태도로, 그 생각이 영원히 머무는 것이 아니라 일시적이라는 점을 인식한다.

**3. 호흡에 집중하기**

부정적 생각에 집중하는 대신, 깊이 숨을 쉬면서 호흡에 집중해보라. 이를 통해 마음을 지금 이 순간에 다시 가져올 수 있다.

**4. 생각에 이름 붙이기**

반복적으로 떠오르는 부정적 생각에 이름을 붙이는 것도 도움이 된다. 예를 들어 '실패에 대한 불안'이라 부르고, 이 생각이 떠오를 때마다 그 이름을 불러주는 것이다. 이렇게 하면 그 생각에 휘둘리지 않게 된다.

인지 탈융합을 통해 부정적인 생각이나 감정에 휘둘리지 않으면, 무기력에서 벗어나 자신이 진정으로 중요하게 여기는 가치에 따라 행동할 수 있게 된다. 이 기법은 무기력감에 맞서 싸우는 데 유용한 도구로, 생각을 단순히 생각으로 인식하고 그것에 얽매이지 않도록 돕는다. 꾸준한 연습을 통해 무기력에서 벗어나 더 활기찬 삶을 살 수 있을 것이다.

# 당신의 감정과 거리를 둬라

## 역설적 마인드셋, 반대로 접근하기

요즘 심리 영역에서 '역설적 마인드셋paradoxical mindset'이라는 단어가 눈에 자주 띈다. 역설적 마인드셋은 역설적 사고와 접근 방식을 채택해 문제를 해결하거나 상황을 개선하려는 마음가짐을 의미한다. 특히 어려운 상황이나 딜레마에 직면했을 때, 전통적 논리와 반대로 접근함으로써 새로운 통찰과 해결책을 도출하는 데 유용하다.

하버드대학교 의과대학 정신과 의사였던 앨버트 로텐버그 Albert Rothenberg는 노벨상 수상자 22명을 인터뷰하고 위대한 업적을 남긴 과학자들의 역사적 기록을 분석한 결과, 이들이 여러 개의 반대 혹은 대척점에 있는 아이디어를 구상하는 데 상당한 시간을 보냈다는 것을 밝혀냈다. 이 외에도 많은 연구를 통해 역설적 마인드셋이 평범한 사람들의 일상적인 문제를 해결하고 조직이 성과를 내는 데 도움이 될 수 있다는 사실이 밝혀졌다.

마음 관리 측면으로 설명하자면, 역설적 마인드셋은 겉으로는 모순되어 보이는 두 가지 생각이나 감정을 동시에 받아들이는 것이다. 예를 들어 '내가 실패할 수도 있지만, 그것이 성공으로 이끌 수 있다'는 생각을 받아들여, 두 가지 상반된 가능성을 동시에 인식한다.

문제를 해결할 때도 전통적 방법 대신 반대되는 방법을 시도할 수 있다. 무기력을 느낄 때 더 많은 노력을 쏟아붓는 대신, 잠시 물러서서 휴식을 취하거나 그 상황을 완전히 다른 관점에서 바라보는 것이다.

의도적으로 문제와 반대되는 행동을 취함으로써 기존 행동 패턴을 깨고 새로운 가능성을 열 수 있다. 예를 들어 불안을 해소하려고 하면 더 불안해질 수 있지만, 오히려 불안을 받아들이고 그것을 느끼도록 허용하면 불안이 감소할 수 있다. 연구 결과에 따르면 직장 내에서도 역설적 마인드셋을 갖고 있는 이들이 실제로 긴장되는 위기 상황에서도 문제에 대한 새롭고 더 나은 해결책을 생각해냈다. 반면에 역설적 마인드셋이 부족한 이들은 위기 상황에서 쉽게 무너지는 경향이 있다고 밝혀냈다.[3]

역설적 마인드셋을 무기력한 자신의 정신 상태에도 적용해볼 수 있다. 스트레스를 없애려는 시도는 오히려 더 많은 스트레스를 초래할 수 있다. 따라서 스트레스를 받아들이는 대신 그 안에서 어떻게 더 효과적으로 일할 수 있을지 고민하는 것이 도움이 될 수 있다.

이처럼 문제를 해결하려고 집착하기보다는 때로는 문제를 내버려두고 다른 방식으로 접근하거나 새로운 관점을 찾는 것이 더 효과적일 수 있다. 내 약점 역시 그것을 개선하려고 애쓰기보다 그 약점을 인정하고 받아들임으로써 더 크게 성장할 수 있는 것이다.

다이어트 노하우 중 '꼬르륵 하는 배고픔의 통증을 쾌감으로 느껴야 한다'는 이야기를 들은 적이 있다. 배고픔을 즐기다니 자학적인 듯하지만 일종의 역설적 마인드셋이라고 볼 수 있다.

사실 배고픔과 식욕은 논리적으로 명확히 나누기 어렵다. 그런데 마음에선 둘을 분리하는 공간을 그려볼 수 있다. 배고픔이란 신호가 식이 행동을 유발하는 식욕과 곧장 연결되지 않게 둘 사이에 거리를 두고 공간을 확보하는 것이다. 배고픔을 꾹 참고 그냥 찍어 누르며 맞서 싸우기보다는 반대로 배고픔과 거리를 두어 식이 행동으로 연결되는 걸 최대한 줄이는 것이 효과적일 수 있다.

거리를 두는 방법의 예를 든다면 배고픔이 느껴졌을 때 불편함을 잠시 잊을 수 있는 나만의 활동을 개발하는 것이다. 신체 활동이나 문화 활동일 수도 있고 칼로리가 적은 채소를 먹는 것일 수도 있다.

우리가 느끼는 배고픔 중 대부분이 진짜로 배가 고픈 것이 아니라 스트레스로 인한 마음의 허기인 경우가 많다. 그럴 때는 운동을 하면 오히려 배고픔이 줄어드는 경험을 하기도 한다. 운동을 통해 배고픔과 거리가 생겨나고 심리적 스트레스도 일부 해소되어 나타나는 현상이다.

## 감정과 적절한 거리를 두는 연습

미국 의사 고시도 통과할 실력이 된다는 '대화 생성 인공지능' 챗GPT와 채팅을 해보았다. 'I am blue', 즉 울적하다고 적었더니 안타깝다며 이유가 있는지, 자기가 도와줄 것은 없는지 빛의 속도로 답신이 왔다.

인공지능의 빠른 반응을 관심으로 인지하는 내 마음을 느끼기라도 한 듯, 인공지능은 "일이 중요하지만 스트레스이기도 해"라고 답변을 이어갔다. 상대방의 뒷말을 받아 우선 공감 소통을 해준 것이다. 그리고 현실적인 목표를 가질 것, 계획대로 가지 않는다고 스스로를 너무 밀어붙이지 말 것 등 여러 구체적인 조언을 해주었다. 답변이 생각 이상 빠르고 알찼다.

기대 이상이라 놀란 나는 대화 흐름에 맞지 않게 '나 정신과 의사다'라며 좀 삐딱하게 적어 보내봤다. 그랬더니 또 빠른 답신이 왔다. 정신과 의사는 스트레스를 다루고 이해하는 데 특별한 위치에 있다며 먼저 살짝 띄워주는 말로 시작했다. 그러고는 이런 특성 때문에 공감 피로감, 2차 트라우마 스트레스 등으로 쉽게 지칠 수 있다며 스스로를 잘 케어해야 한다고 위로의 말과 구체적인 팁을 준다.

내가 살짝 시비를 걸었는데 진솔한 위로의 답변이 오니 솔직히 약간 뭉클했다. '네가 정신과 의사보다 낫다'라고 보내니 자신은 머신 러닝 모델이지, 사람이 아니기 때문에 감정을 느끼지 못한단다. '데이터에 기반해 정보는 줄 수 있지만 네 수준의 정서적 지지와 이해를 제공하지는 못한다'는 답신도 덧붙였다.

인공지능의 대화 생성 능력이 상당한 수준에 이르렀다는 생각이 들었다. 그러면서 한편으로는 감정이 없기 때문에 때론 상대방이 원하는 답을 기술적으로 더 잘할 수 있지 않나 하는 생각도 들었다.

최근 마음 관리의 중요한 트렌드 중 하나가 필요할 때 '감정과 적절한 거리를 두는 연습'이다. 감정은 소중한 자산이지만 동시에 사고와 행동에 미치는 영향이 어마어마하게 크기 때문이다. 부정적 감정이 과도하면 자신의 삶에 부정적 영향을 주기도 한다.

'공포는 반응이고 용기는 결정이다'라는 윈스턴 처칠의 격언이 다시 떠오른다. 용기가 있다면 공포가 없어야 할 듯하지만, 실제로는 그렇지 않다. 공포와 같은 불편한 감정을 자연스러운 정상 감정 반응이라 인지할 때 감정과 거리를 두기 쉽다.

그렇지 않고 나쁜 감정이라며 공포와 직접 싸우면 합리적 결정을 하기가 오히려 어렵고 도망치는 회피 행동이 나오기 쉽다.

다른 예를 들어본다면, 친구가 때론 밉고 섭섭하다고 꼭 나쁜 우정은 아니다. 항상 좋기만 해야 딱 맞는 친구이고 좋은 우정이라고 설정하면 평생 진짜 우정을 찾아 헤매게 될 확률이 높다. 친구에게 미운 감정이 들 수도 있지만, 그 감정도 지켜보면서 친구를 이해해보려는 노력을 기울일 때 우정도 더 깊이 성장한다.

# 일상이 무너지면 마음도 무너진다

### 무기력한 당신을 위한 숙면의 법칙

무기력하면 의외로 잠도 안 온다. 그래서 오늘날은 '불면의 시대'다. 온갖 스트레스로 피곤한데 잠은 오지 않는다. 지칠수록 숙면으로 마음을 재충전해야 하는데, 마음이란 시스템에 모순적 요소가 많은 게 문제다. 피곤하면 오히려 위기 상황으로 인식해 각성도를 높여버리니 말이다.

앞서 마음이 정보 기관의 역할을 수행한다고 했는데, "지금 잘 상황이 아니야. 위험해" 같은 첩보를 제공하는 것이다. 밤에 해외 기업과 중요한 화상회의가 있는 등 특별한 상황이 아니라면 대부분의 위기는 잘 자야 잘 해결할 수 있다.

예를 들어 내일 치를 시험에 대한 부담감을 마음이 위기 상황으로 과도하게 인식해 각성도를 올려버리면 숙면하기 어려워지고, 다음 날 오전에 최상의 컨디션으로 시험보는 것을 방해한다.

수면 부족이 타인을 배려하는 마음을 감소시킨다는 최근 연구 결과도 있다.[4] 수면이 부족한 경우 친사회성과 연관된 뇌 신경망의 활성도가 위축되었고, 타인을 돕고자 하는 이타적 경향도 줄어들었다는 것이다. 반면 다음 날 잠을 잘 자면 이타적 경향이 회복되었다고 한다.

서머타임이라 불리는 미국의 DST Daylight Saving Time(하절기에 1시간 앞당긴 시간을 사용하는 것)를 활용한 연구를 보면 1시간 수면 부족을 겪게 하는 DST 적응기에 미국 사회 전반적으로 기부 금액이 줄어들었다고 한다. 그리고 DST에 적응한 뒤에는 기부 금액이 정상화되었다. 무더운 여름이나 환절기처럼 수면에 불편을 느끼는 사람이 많은 시기에는 기부 행사 같은 일정을 잡는 데도 유의해야 할지 모르겠다.

불면으로 고생하는 이들에게 요즘 같은 세상에는 '잘 자는 사람이 이상한 것'이라는 유머로 위로를 하기도 한다. 잠을 자지 못하는 것도 힘든데 '내가 수면 하나도 통제하지 못하나' 하는 생각이 한 번 더 나를 괴롭힐 수 있다. 그래서 더 노력하는데, 노력할수록 잠은 안 오니 자존감마저 떨어지는 경우도 있다. 그리고 밤이 점점 더 무서워지며 그 공포가 불면을 만성으로 이어지게 한다.

유머라는 것은 상식을 약간 비틀어 웃음을 만드는 화술이라 할 수 있다. 불면처럼 마음과 연관된 현상에는 유머 같은 역설적 접근이 정공법보다 효과적일 수 있다. '골프 스윙을 할 때 힘을 빼라'는 것도 역설적 접근이다. 공이 앞에 있는데 힘을 빼는 것이 쉬운 일인가. 그렇지만 힘을 빼야 스윙 궤도가 자연스럽게 유지되면서 정확한 임팩트로 칠 수 있다.

수면도 이와 비슷하다. '오늘은 꼭 자야지'라는 생각으로 일찍 누워 잠과 씨름하면 침실이 전쟁터가 된다. 그 결과 각성도가 높아지면서 숙면과 멀어진다. 잠이 오지 않을 때는 차라리 역설적으로 생각하고 마음에 말을 걸어보자.

'마음아, 어차피 짧은 인생, 무얼 그리 자려고 애쓰니. 네 걱정은 고마우나 나는 오늘 이 밤을 즐기겠어.'

잠을 자지 않겠다고 생각하면 오히려 잠이 올 수도 있다. 힘을 빼야 잠이 온다.

## 불면을 쫓는 행동

불면이 찾아왔을 때 도움이 되는 행동요법을 소개한다. 안타깝게도 실천하는 사람이 적은데, 삶에 잘 녹이면 불면에서 벗어나는 데 도움이 되는 것으로 입증된 방법이 있다.

우선 잠자리가 편해야 한다. 당연한 이야기인 것 같지만 불면을 겪으면 잠자리가 전쟁터로 바뀐다. 회사나 가정에 골치 아픈 일이 생긴 경우 밤에 잠자리에 누웠는데도 계속 걱정에 휩싸여 잠들지 못하는 경험을 한다. 며칠 후 고민거리가 해결된 다음 다시 숙면을 취하면 다행인데, 불면이 지속되는 경우가 꽤 있다.

이를 '조건반사'로 설명할 수 있다. 동물에게 음식을 줄 때 종을 치는 자극을 함께 주면 나중엔 음식 없이 종만 쳐도 입에 침이 고이는 동물실험 결과가 있다. 이와 비슷하게 처음 불면을 겪은 것은 스트레스 때문이었는데, 그 고민을 잠자리에서

하다 보니 고민이 사라져도 잠자리를 평안한 장소가 아니라 뇌를 각성시키는 전쟁터로 인식하는 것이다.

따라서 '피로'와 '졸림'을 구분해야 한다. 피로는 휴식이 필요한 상황이고 졸릴 때가 당장 잠이 들어야 하는 상태다. 불면증인 경우 당연히 저녁때 피로하다. 그러다 보니 일찍 잠자리에 드는데 문제는 잠이 오지 않는 경우다. 결국 오랜 시간 잠자리에서 괴로운 시간을 보내게 된다. 괴로운 시간을 보내는 만큼 잠자리는 더욱더 나를 힘들게 하는 곳이라 인식되고 불면이 악화될 수 있다.

졸릴 때까지 끝까지 참다가 졸린 순간이 오면 잠자리에 들어야 한다. 졸려서 누웠는데 잠이 달아나버렸다면 억지로 청하지 말고 다시 일어나 잠자리에서 벗어나야 한다. 그리고 나만의 평안한 활동을 개발해 다시 잠이 올 때까지 기다리는 것이 필요하다. 멋진 자연 경치를 촬영한 영상물을 본다든지 책을 읽거나 음악을 듣는다든지 이완할 수 있는 나만의 콘텐츠를 개발해야 한다.

여기서 중요한 것은 이완 활동을 하는 장소와 잠자리는 분리되어야 한다는 것이다. 낮에도 잠자리에서 독서, 영상물 시청, 음식 섭취 등을 하지 않아야 한다. 잠자리는 오직 숙면을 위한 장소로 마음이 인식하게 해야 한다.

이 훈련을 하다 보면 '오늘 잘 자야 하는데'라는 걱정이 든다. 이럴 때 우리 몸이 하루 이틀 불면은 충분히 견딜 수 있게 튼튼히 만들어져 있다고 스스로를 토닥거리며 안심하는 것도 필요하다. 또 기상 시간을 일정하게 정하는 것이 중요하다. 어렵게 잠들었으니 늦잠 자고 싶은 마음이 간절하지만 기상 시간이 들쑥날쑥하면 뇌의 생체 시계에 혼란이 온다.

요약하면 졸릴 때 잠자리에 들고 잠이 오지 않으면 바로 일어나 평안한 장소에 대기하다 다시 잠을 청하고, 기상 시간은 일정하게 하는 것이 핵심이다.

기상 후 산책을 하며 햇살을 즐기는 것도 도움이 된다. 특히 아침 햇살을 받으면 눈의 망막을 통해 빛의 신호가 솔기핵에 전달되어 세로토닌의 분비량이 증가한다. 반대로 잠자리에서는 빛을 차단해야 한다. 생체 시계는 빛을 중요한 정보로 활용하기 때문이다. 낮잠은 피해야 한다. 마지막 기상 시간이 멀수록 밤에 수면 파워가 커져 쉽게 잠이 오기 때문이다.

## 뭘 먹느냐가 당신의 멘탈을 결정한다

즐거워야 할 점심시간. 직장 상사가 마음대로 점심 메뉴를 선택하는 것에 스트레스를 받는다는 고민을 들은 적이 있다. 예를 들어 자기는 건강식을 먹고 싶은데 상사는 자극적인 음식을 선택한다는 것이다. 선택의 자유가 제한되는 것은 큰 스트레스로 작용한다. 그런데 어떤 음식을 섭취하느냐가 정신건강에 큰 영향을 미치기도 한다. 음식에 따라 무기력이 심화되기도 하고 활력이 생기기도 한다.

영양 정신의학nutritional psychiatry이란 분야가 있다. 무얼 먹어야 마음이 건강할지 연구하는 영역이다. 마음이 담겨 있는 뇌는 쉬지 않고 일하는 생체 컴퓨터다. 생각도 하고 감정도 느끼고 몸도 움직이는 등 하는 일이 많다. 아무것도 하지 않을 때는 물론이고 잠을 잘 때도 꿈을 꾸며 에너지를 소모한다. 상식적으로 생각해도 뇌가 잘 작동하려면 연료, 즉 건강한 영양소로 가득 찬 먹거리를 잘 보충해줘야 한다. 좋은 먹거리는 뇌의 피로를 줄여주고 활성산소 같은 체내 독소가 뇌세포를 망가뜨리는 것을 막아준다.

앞에서 소개한 세로토닌도 음식으로 증가시킬 수 있다. 세로토닌의 원료가 되는 트립토판이라는 필수아미노산이 풍부한 음식을 먹으면 된다. 콩류나 유제품, 고기, 생선 등이 대표적이다.

과일이나 채소, 잡곡, 견과류, 그리고 생선이나 해산물이 많은 지중해식 식사가 가공식품이나 당분, 육류가 많은 전형적인 서구식 식사에 비해 우울증 위험도를 줄인다는 연구 결과가 있다. 특히 평소 트립토판이 많이 함유된 호두를 자주 섭취한 이들은 어떤 견과류도 먹지 않은 이들에 비해 우울증 점수가 낮게 나타난다고 한다.

매일 건강식만 먹으면 좋겠지만 그게 쉽지 않은 게 현실이다. 몸에 좀 나쁜 것은 알아도 입에서 쾌감을 만드니 먹게 된다. 그 순간에 스트레스를 날려주기도 한다. 종종 화끈하게 입이 즐거운 식사는 즐거운 삶의 콘텐츠로서 가치가 있다고 생각한다. 그러나 매일같이 입의 쾌감만 좇으면 내 마음의 건강 파트너, 장과 장내 유익균은 괴로워하며 염증 물질을 뿜어내 마음을 우울하게 만들 수 있다.

숙제처럼 식습관을 통째로 바꾸려고 하면 실패하기 쉽다. 여력이 될 때 2주 정도 '클린 주간'을 설정해 장속 건강 파트너들이 좋아하는 음식을 섭취해보자. 그리고 가벼움과 상쾌함 등을 느껴보자. 좋은 느낌이 쌓이면 건강을 위한 행동도 실천하기 쉬워진다.

[ **Key Point** ]

- 지친 뇌가 일 모드에서 쉼 모드로 전환될 수 있도록 나만의 미니 브레이크를 자주 실행하는 것이 좋다.

---

- 행복 강박에서 벗어나 부정적 감정도 내 삶의 일부로 자연스럽게 받아들이는 것이 마인드 케어의 핵심이다.

---

- 역설적 마인드셋은 무기력을 느낄 때 더 많은 노력을 쏟아붓는 대신 잠시 휴식을 취하거나 물러서는 등 상황을 완전히 다른 관점에서 해결할 수 있는 신선한 시각을 제공한다.

---

- 우울하거나 화가 날 때는 한 발짝 거리를 두고 감정을 일종의 정보처럼 처리해야 한다.

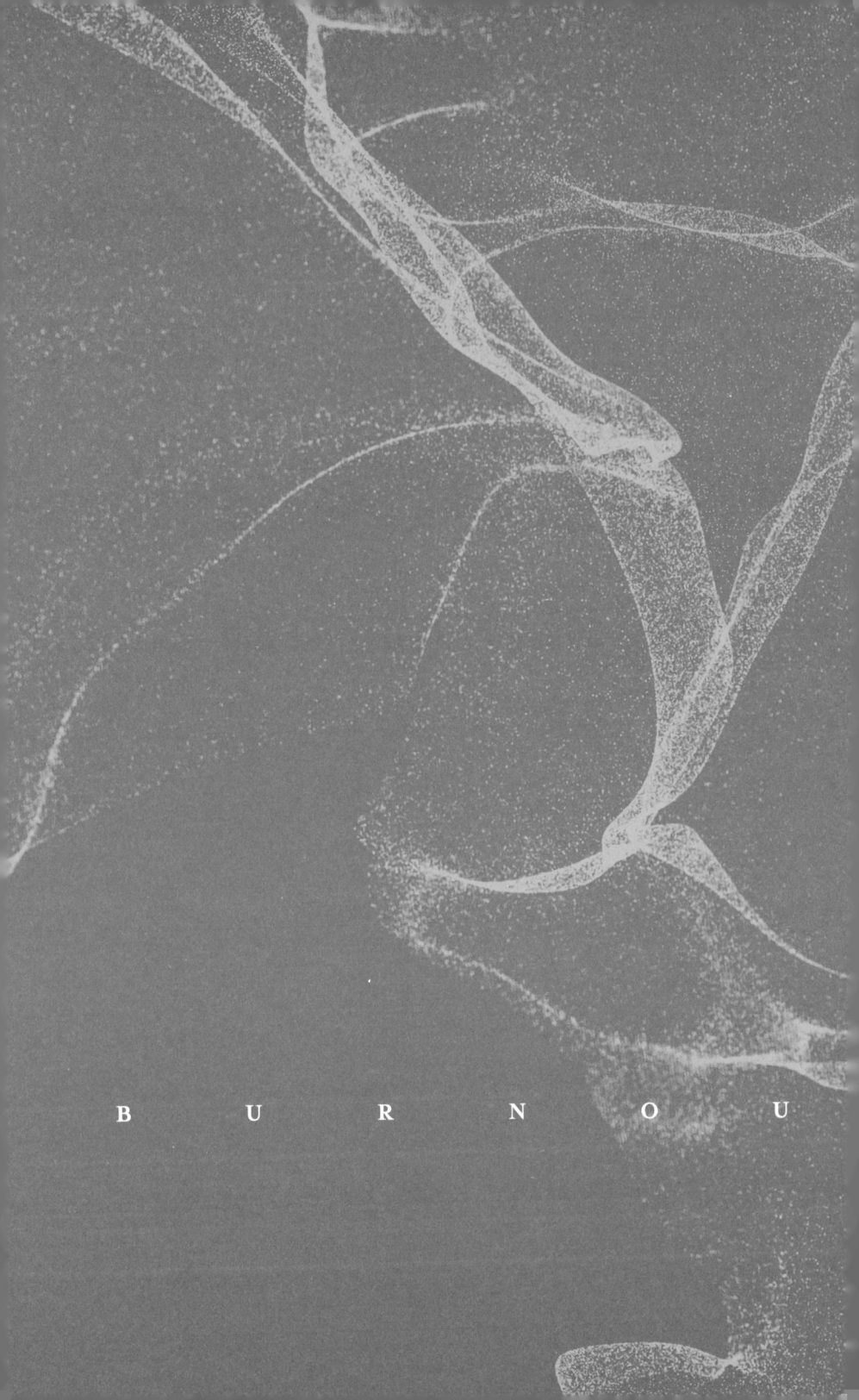

**4**장

무기력의 시대에
관계를
맺는다는 것

DETOX

## 타인에게 쓸 에너지가 고갈되다

### 스스로 고립되는 청년들

인간은 본질적으로 사회적 존재이기 때문에 인간관계에 결핍이 생기면 심리적으로 큰 스트레스를 받고 사회적 안정성도 저하된다. 그런데 전 세계가 무기력에 휩싸인 지금 많은 이들이 타인과 관계 맺을 에너지마저 소진한 채 고립을 자처하는 경우가 늘고 있다.

"점점 사람 만나기가 싫어집니다. 주위에 사람 서너 명만 있으면 될까요?"라는 질문을 들었다. 나는 농담을 섞어 "서너 명이면 너무 많지 않나요? 양보다 질이죠. 한 명만이라도 제대로 있다면 충분합니다"라고 답하기도 한다.

코로나19 팬데믹을 경험하면서 '거리 두는 삶'이 자신에게 더 잘 맞는다는 것을 깨달았다는 사람도 많다. 최근 인구보건복지협회 조사에 따르면 청년 10명 중 6명이 연애를 하지 않는다고 한다. 10명 가운데 3명은 연애 경험이 아예 없는 것으로 나타났는데, 자신의 의지로 연애를 하지 않는다는 케이스가 많았다. 타인과 밀접하게 소통하며 관계를 이어나갈 의욕이 약해져 혼자가 편하다고 생각하는 탓인 듯하다. 10여 년 전쯤 취업, 연애, 결혼을 포기하는 '삼포 세대'라는 말이 나왔다. 이제는 세 가지 과업을 어쩔 수 없이 포기하는 것을 넘어 스스로 거부하는 단계에 이른 것 같다.

그런데 외로우면 오히려 '뒷걸음 치기 stepping back' 하는 심리적 경향이 존재한다. 다가갔다 상처받은 경험이 있고 자존감이 떨어지다 보면, 누군가가 다가올 때 '내 곁에 오지 마'라며 마음에서 방어적 반응을 보이는 것이다. 실은 외롭고 사람이 그리우면서도 말이다.

외로움이 한계치에 이르렀다고 호소하지만, 실제로 만남에 대한 두려움이 존재한다. 청년들 사이에서 혼자 지내려는 경향이 커지는 것도 이러한 뒷걸음 치기 심리가 어느 정도 반영된 것으로 보인다.

지구인이 현재 겪고 있는 외로움은 어느 정도일까? 글로벌 소셜 미디어 회사 메타와 리서치 회사 갤럽이 2023년 공동으로 142개 국가를 대상으로 실시한 조사에 따르면, 4명 중 1명이 상당한 외로움을 느낀다고 한다. 일반적으로 나이가 들면 더 외로울 듯싶은데 젊은 성인(19~29세) 또한 외로움이 컸다.

누군가와 함께해도 외로움을 느낄 수 있다. 외로움을 사회적 외로움과 정서적 외로움으로 나누기도 하는데[1] 사회적으로 고립된 상황이라면 외로움을 느끼는 것이 당연하다. 그런데 사회적으로 네트워킹이 되어 있어도 정서적으로는 외로움을 느낄 수 있다.

급속한 디지털 사회로 이행되는 변화를 경험해온 우리는 SNS를 통해 모르는 사람들과도 언제든 소통이 가능하다. 하지만 아이러니하게 외로움을 느끼는 사람은 증가하고 있다. 외로움은 혼자 있는 것과는 다른 문제다. 누가 와도 뒷걸음 치고 있다면 정서적 외로움을 느끼는 것은 아닌지 생각해봐야 한다.

## 외로워서 무기력하고, 무기력해서 외롭다

외로움과 무기력은 서로 깊이 연관되어 있다. 무기력을 겪는 사람은 사회활동에 참여하는 데 어려움을 느끼기 때문에 점점 더 고립될 수 있다. 이 때문에 외로움이 심화되는 악순환이 발생한다. 주변에 사람이 많아도 앞에서 언급한 대로 정서적 외로움이 클 수 있다. 그리고 이 외로움이 마음의 에너지를 순식간에 고갈시킨다.

외로움이 깊어지면 건강에 부정적 영향을 미친다는 보고도 점점 늘어나고 있다. 만성 외로움은 매일 담배 15개비씩 피우는 것만큼 건강에 해롭다는 결과가 있으며 비만이나 우울증, 심혈관 질환 및 치매 등의 발병 위험을 높인다.

또 외로움은 사회가 부정적으로 변화하는 데 일조를 하기도 한다. 예를 들면 현대인의 외로움을 사회·정치 영역에서 심화되고 있는 양극화 현상의 원인 중 하나로 바라보는 시각도 있다. 외롭기에 사회 통합과 신뢰보다 극단적 혐오와 대립, 즉 우리가 아닌 나만을 위한 스토리텔링에 더 끌린다는 설명이다.

외로움은 분노 반응을 증가시킬 수도 있다. 실제로 '관계에서 느끼는 불만족'이 분노 반응을 증폭하기도 한다. 고립감을 느끼면 상대적으로 작은 자극에도 분노 반응이 크게 일어나고, 뇌 안에서 분노를 담당하는 영역의 크기가 증가한다는 것이다.

비정상적인 뇌의 작용으로 분노를 조절하지 못하는 사람이 많은 사회에서는 갈등이 증가할 수밖에 없다. 직장에서도 구성원 간에 '친밀한 관계'가 존재할 때 생산적이고 창의적이며 협업도 잘 이루어진다고 알려져 있다. 또 직장 내 무관심에 따른 외로움은 업무량이 과도한 것 이상으로 번아웃의 직접적인 원인이 되기도 한다.

### 연결감이 무기력을 완화한다

우리 마음은 누군가와 연결되었을 때 무기력과 우울에서 벗어날 수 있다. 사회적 지지를 받는 사람은 우울증 같은 정신건강 문제를 겪을 가능성이 낮다. 사회적 관계는 스트레스 완화, 정서적 지원, 문제 해결에 도움을 주기 때문이다.

정서적 연결은 안정감과 소속감을 주며, 이는 자존감을 높이고 삶에 대한 만족감을 증진시킨다. 누군가와 의미 있는 관계를 맺고 있다는 느낌은 개인이 자신의 가치를 인정받는다고 생각하게 하며, 무기력과 우울감에서 벗어나는 데 도움이 된다.

인지 행동 치료나 행동 활성화 치료에서도 환자가 사회 활동에 참여하고 타인과 관계 맺는 것을 우울증을 완화하는 데 중요한 요소로 강조한다. 이 과정에서 긍정적인 사회적 상호작용은 기분 개선에 직접적으로 영향을 미친다.

마음을 터놓을 수 있는 친구가 있다는 것은 행복감에 영향을 주는 대표 요인이다. 그런데 인생에 대한 고민으로 지쳤을 때 자기 경험을 담아 화려한 언변으로 해결책을 제시하는 친구보다 말없이 옆에 앉아 어깨를 어루만져주는 친구에게 더 큰 위로를 받는 경험을 할 때가 있다. 그런 점에서 교감이 가능한 동물을 통해 정신건강에 긍정적 영향을 받는 경우도 많다.

얼마 전까지만 해도 '애완동물'이라는 말을 썼는데 최근에는 '반려동물'이라는 용어를 사용하는 사람이 늘었다. 이 용어는 '인간과 애완동물의 관계'라는 주제로 열린 학술 모임에서 제안되었다고 한다. 주된 내용은 '동물이 인간에게 주는 혜택을 존중해 애완동물을 장난감이 아닌, 인간과 더불어 살아가는 동물이라는 의미로 반려동물로 부르자'는 것이었다.

사랑하는 사람과의 영원한 이별을 겪으면 애도$_{\text{grief}}$ 반응이 나타나는데, 최근에는 반려동물과의 사별로 깊은 상실감을 느끼고 진료를 원하는 사람들이 적지 않다.

긴 시간 함께했던 반려견을 하늘나라에 보낸 뒤 "마음을 이해하는 듯 내 얼굴을 물끄러미 바라보던 그 녀석이 너무 그립습니다"라며 슬픔이 가시지 않는다고 호소하곤 한다. 반려동물의 죽음이 스트레스로 작용해 호흡곤란, 심장 통증 등 말 그대로 심장이 부서지는 듯한 상심 증후군broken heart syndrome에 이르렀다는 임상 보고도 있다. 이 정도는 아니더라도 반려동물의 죽음을 겪은 후 상당한 슬픔을 경험하고 심한 우울감을 느껴 약물 처방을 받는 경우도 있다.

이처럼 반려동물과 깊은 관계를 맺을 수 있다는 사실에서 대상을 막론하고 누군가와 연결되었다는 느낌과 나를 위로하는 이의 비언어적 요소가 얼마나 중요한 것인지 깨닫게 된다.

# 외로움이 심화되는 이유

### 소통의 만족도가 떨어진다

마음이라는 시스템에는 모순이 많다. 대표적인 것이 자유롭고 싶은 욕망과 연결되고 싶은 욕망이 공존하는 것이다. 개인으로서 자유를 누리고 싶지만, 동시에 타인과의 연결을 통해 친밀감도 느끼고 싶다. 이 둘을 동시에 느낄 수 있다면 가장 좋겠지만, 일시적으로는 가능해도 이런 상태를 지속하기는 어렵다.

예를 들어 축구 경기처럼 공동의 목표를 향해 팀워크를 발휘할 때 자유와 동지애를 동시에 느낄 수 있다. 그러나 어느 조직이든 시간이 지나면 갈등과 불협 화음이 생기는 것이 자연스러운 현상이다. 서로 다른 사람들이 가까워지면 부딪치는 것이 당연하기 때문이다.

서비스 기업에서 흔히 발생하는 민원 중 하나가 '불충분한 설명'이다. 달리 말하면 만족할 만큼 대화를 나누지 못했다는 의미다. 반대로 서비스 제공자 입장에선 끝없이 이야기를 이어 가는 고객은 대하기 어려운 상대다. 그런데 이런 특수한 상황에서만 대화 시간에 불만족스러워하는 것일까.

하버드대학교 심리학과에서 시행한 한 연구 결과를 보면 많은 이가 일상의 소통에서도 대화 시간에 불만족을 경험한다는 것을 알 수 있다.[2] 일주일에 여러 번 이야기를 나누는 지인과의 대화에 대해 '소통이 내가 원할 때 끝나느냐'는 질문에 거의 대부분이 '그렇지 않다'고 대답했다는 것이다. 3명 중 2명은 자기가 원하는 것보다 이야기가 길어졌다고 했고, 나머지 1명은 부족했다고 답했다.

지인이 아니라 처음 만난 사람을 대상으로 대화를 나누도록 한 연구에서도 같은 결과가 나왔다. 특히 상대방이 대화를 그만두고 싶은지 대부분 알지 못했고, 소통에 대한 욕구에서 자신과 상대방 사이에 차이가 있음을 제대로 인지하지 못했다는 것이다. 즉 소통 기술이 부족한 사람만의 문제가 아니라, 우리는 일상적으로 상대방은 그만 이야기하고 싶은데 나는 더 하거나, 나는 그만 듣고 싶은데 상대방은 더 이야기하는 셈이다.

왜 이렇게 소통이 어긋날까. 우선 각자 대화 욕구 또는 목적에 차이가 있기 때문일 것이다. 한 사람은 가볍게 인사하고 싶은데, 상대방은 자신의 의견을 설득하거나 외로운 감정을 위로받고 싶다면 기대하는 대화 시간에 차이가 난다. 그러면 소통을 끝낼 때 서로 불편하거나 아쉬움이 남을 수 있다.

그런데 더 본질적인 이유는 상호 의사 전달을 통한 협조의 문제다. 내가 소통을 더 하고 싶은지 아니면 대화를 마치고 싶은지 정확히 소통하는 것이 관계에 해가 되지 않을까 하는 걱정 때문에 정확히 소통하지 않는다. 그러다 보니 서로의 마음을 몰라 양쪽 모두 대화의 양을 불만족스럽게 느끼는 경우가 많다.

좋은 소통이 보약이라면 불만족스러운 소통은 몸과 마음에 스트레스를 준다. 대화가 더 필요한지, 아니면 오늘은 이 정도로 대화를 마치길 원하는지 먼저 묻는 것이 소통 시 상대방에 대한 배려일 수 있다.

### "내 마음 알지?", 투명성 착각

'말 안 해도 알겠지. 이심전심이라잖아.'

이렇게 생각하는 사람이 많다. 특히 가족처럼 친밀한 관계에서는 말을 하지 않아도 상대방이 자신의 마음을 알아주기를 기대한다. 이처럼 자신의 속내를 다른 사람들이 잘 안다고 착각하는 심리 현상을 '투명성 착각 illusion of transparency'이라고 한다.

이런 착각을 하게 되면 내 생각만큼 상대방이 나에게 관심이 없다는 사실을 깨닫고 섭섭함을 느끼게 된다. 그러나 이는 지극히 자기 중심적인 관점이다. 사람들은 자신의 내면 상태를 잘 알기 때문에 상대방도 자신의 감정이나 생각을 쉽게 이해할 거라고 믿는 경향이 있다.

하지만 실제로는 그렇지 않다는 걸 이해해야 한다. 예를 들어 긴장하거나 불안할 때, 다른 사람들이 그 감정을 알아차릴 것이라고 생각할 수 있다. 하지만 외부에서는 그 사람이 긴장하고 있다는 사실이 명확하게 보이지 않을 수 있다.

이런 착각은 사람들의 의사소통에 영향을 미칠 수 있다. 예를 들어 자신이 화가 났거나 불쾌하다고 생각할 때, 그 감정이 상대방에게 전달되지 않으면 상대방이 자신을 무시하거나 공감하지 않는다고 오해를 하기도 한다. 투명성 착각이 의사소통 과정에서 문제를 일으킨 경우다. 따라서 명확하고 구체적인 표현을 통해 오해를 줄이는 것이 중요하다.

팬데믹 기간 재택근무하는 부모에게 어린 자녀가 있는 경우, 가족이 24시간 동안 같은 공간에서 보내는 상황을 겪었다. 그런데 아무리 가족을 사랑한다고 해도 우리에겐 나만의 공간을 확보하고 자신의 일에 우선순위를 두고 싶은 마음이 동시에 존재한다. 그래서 일터와 집이라는 공간의 경계가 명확하지 않을수록 가족, 특히 부부 갈등을 일으키는 원인이 될 수 있다.

성탄절처럼 반가운 휴일에 즐겁게 식사를 하다가 부부 싸움으로 이어지는 경우도 적지 않다. 식사 중 편안하게 과거의 섭섭한 이야기를 꺼내 위로받고 싶었는데, 상대방이 전혀 이해하지 못하고 논리적으로 반박하거나 자신이 더 힘들었다는 이야기를 한다. 그러면 부부 대화에 갈등의 불꽃이 튀게 마련이다.

갈등을 원하는 부부는 없다. 그래서 보통 힘들지만 상대방이 내 마음을 다 알 것이라 믿고 조금 속상하고 불편해도 참으려고 노력을 한다. 그런데 부부 사이라도 내가 정확히 말하지 않으면 상대방이 모르기가 쉽다. 오해가 쌓여 나중에 부부 갈등으로 이어지는 이유가 되기도 한다.

부부도 막연하게 참지 말고 비즈니스 소통처럼 서로의 요구 사항을 경청하고 절충하는 시간을 자주 갖는 것이 필요하다. 결혼 생활을 하다 보면 부부가 익숙한 동료, 더 나아가 전우처럼 느껴지기도 한다. 자녀를 양육하다 지치면 부부 간에 느끼던 사랑의 감정은 약해지기 쉽다. 점점 서로에게 소원해지고 외로움이 커진다.

최근 진료실을 찾은 한 가정주부는 남편과 자신이 부부가 아니라 '엄마 아빠 동호회' 같은 느낌이 든다는 이야기를 했다. 이런 경우 '연인으로 만나기'를 해보자. 한 달에 한 번 정도는 자녀를 다른 가족에게 맡기고 맛집 탐방이나 영화 관람 같은 데이트를 즐기는 것이다. 이때 자녀 이야기는 뒤로 미루고 부모가 아닌 연인으로 소통하며 함께 시간을 보내면 좋다.

이렇게 서로의 속마음을 나누다 보면 가사 분담도 억지로 나누는 게 아니라 각자가 더 선호하는 일을 자연스럽게 분담하는 것이 가능해진다. 예를 들어 오전, 오후로 가사를 나누는 것이 아니라 요리와 설거지는 남편이, 청소는 아내가 맡는 식이다. 이런 소통이 무엇보다 필요한 건 꾹 참았다가 불만이 터져 나오는 갈등 관계가 아니라 어려운 현 상황을 함께 헤쳐나가는 파트

너로서의 느낌을 주기 때문이다.

## 소통에 나이는 중요하지 않다

직장이라고 해서 무기력한 분위기를 벗어나기 어렵다. 여기에는 세대 간 차이 문제도 결합되어 있다. 세대 차이로 인한 관점 차이와 소통 부족이 회사 분위기를 저해하기도 한다. 예를 들어 회식에 대한 관점도 다르다. 수년 전 한 회사에서 직무 스트레스 평가를 했다. 회식 항목 스트레스 점수가 높아 담당자가 상사에게 보고했더니, 회식을 더 늘려야 만족하겠느냐는 답변이 나와 당황했다는 이야기를 들었다. 세대 간 인식 차이를 보여주는 웃지 못할 사례다.

MZ 세대 직장인이 싫어하는 말 중 하나가 '우리 회사의 장점은 가족 같은 분위기'라고 한다. 실제로 너무 끈끈한 회사 관계가 싫어 이직을 고려하는 경우를 보게 된다. 그런데 MZ 세대가 디지털 정보보다 가족처럼 가까운 사람의 조언을 더 신뢰한다는 의외의 통계 결과도 있다. '가족 같은' 것을 모두 싫어하는 것은 아닌 셈이다.

그런데 세대 간의 차이가 클 것이라는 막연한 고정관념이 오히려 불통의 원인이 된다는 주장도 있다. 같은 세대라도 성격이나 자라난 환경 등 개인적 차이가 훨씬 클 수 있는데, 한 세대를 통으로 묶어 규정하는 일 자체가 세대 간 소통 문제의 원인이 될 수 있다는 것이다.

특정 세대에 대한 고정관념이라 할 수 있는 '스테레오타입stereotype'과 다른 세대가 날 어떻게 보고 있는지 스스로 추측하는 '메타스테레오타입meta-stereotype'을 비교한 연구를 보자.

기성세대에 대한 스테레오타입은 '책임', '성숙', '근면' 등 긍정적 내용이 많았다고 한다. 그런데 기성세대 스스로가 젊은 세대가 날 바라보는 시선이라 예상하는 메타스테레오타입은 '완고', '재미없음', '까칠'이었다. 반대로 젊은 세대의 스테레오타입은 '미숙'도 있지만 '열정'처럼 긍정적인 부분도 있었는데, 젊은 세대 스스로의 메타스테레오타입은 '비자발적', '무책임'이었다.

실제 세대 간 스테레오타입 차이가 아닌 왜곡된 메타스테레오타입이 세대 간 과도한 논쟁이나 갈등, 또는 반대로 회피 행동으로 이어질 수 있다.

예를 들어 직장에서 어린 연차임에도 너무 어른스럽게 행동하는 것이 오히려 제대로 된 멘토링 받을 기회를 빼앗을 수도 있고, 나이는 있어도 아직 열정이 넘치는데 나서면 욕먹을까 스스로 위축되는 결과로 이어질 수 있다.

세대 간 소통 교육에서 항상 결론적으로 이야기하는 것은 공감 소통이다. 그런데 다른 세대를 이해하기 위한 공감 소통도 중요하지만, 동시에 자신이 속한 세대에 대한 메타스테레오타입에 왜곡은 없는지 살펴보는 생각의 전환도 필요하다.

# 상대방의 마음을 여는 동기부여 소통법

### 만족감 높은 연결을 위한 소통법

외계인이 지구인을 보면 먹고 자고 끊임없이 소통하는 종족으로 묘사할 것이라는 우스갯소리를 들었다. 우리는 정보 교환을 위한 수단으로 소통을 활용하지만, 때론 소통 자체가 목적이 되기도 한다.

소통은 외로움을 이기고 사회적 유대감을 느끼게 한다. 실제 따뜻한 소통은 몸과 마음의 건강은 물론 장수하는 데도 긍정적 영향을 주기도 한다.

우리는 타인과 연결될 때 지친 마음을 위로받고 몸도 건강해지도록 설계되어 있다. 직접 만나면 좋겠지만 그러기 어렵다면 비대면 소통으로도 마음과 마음이 연결될 수 있다. 외로움을 줄이기 위한 노력은 무기력한 상태에서 벗어나는 데도 긍정적 영향을 미칠 수 있다.

그럼 어떻게 해야 사람들과 잘 소통할 수 있을까? 적극적으로 '열린 질문'을 하는 것을 추천한다. 열린 질문이란 일방적 지시가 아니라 상대방의 의견을 묻는 대화 기술이다. 정해진 단답형 대답이 아니라 자유롭고 능동적인 대답을 끌어내 다양한 생각을 하게끔 유도하는 것이다.

예를 들어 지각을 자주 하는 이에게 "오늘도 지각이네요. 또 늦잠 잤나요?"라고 묻는다면 닫힌 질문이다. "아침에 일찍 일어나는 게 힘든가요? 자꾸 지각하는 이유가 뭘까요?"가 열린 질문이다.

열린 질문을 하면 상대방의 저항을 낮추면서 마음을 열 수 있다. 열린 질문의 효과는 최근 건강 트렌드를 통해서도 확인할 수 있다. 요즘 외모, 수면, 피트니스, 영양, 마음 관리 같은 웰니스wellness 시장이 성장세를 보이고 있다. 미국의 경우 웰니스 시장 규모가 연간 5~10퍼센트씩 증가한다는 보고가 있다. 웰니스란 신체적·정신적·사회적으로 모두 건강한 상태를 이르는 광범위한 범위의 건강관이다.

그러나 고혈압이나 당뇨 등 만성질환 진단을 받고 처방에 따라 약물을 복용하는 정도는 약 50퍼센트 수준이다. 절반 정도가 약을 제대로 복용하지 않는다는 뜻이다.[3] 이런 경우 사망 위험은 약 2배 커지고, 합병증 발생 확률도 높아져 개인의 삶이 불편해지는 것은 물론이고 사회적 의료 비용도 크게 증가한다.

살아가는 데 부가적이라 할 수 있는 건강관리 영역에 대한 선호는 커지는 반면, 미래의 건강을 지켜주는 필수 약물을 복용하는 데엔 왜 저항이 있을까? 여러 요인이 있지만, 심리적 측면에선 상반된 감정과 생각이 동시에 존재하는 '양가감정' 때문이라고 할 수 있다. 건강을 위해 약을 먹어야 하는 걸 알면서도 "안 드시면 큰일 나요" 같은 논리적 설득을 곁들인 강력한 조언이 수용보다 저항을 일으킨다. 소통 기법에 따라 마음이 달라지는 것이다.

반면 웰니스 영역은 스스로 선택하는 경우가 많아 저항이 적다. 이런 원리로 소통을 할 때도 강하게 밀어붙이는 일방적 소통보다 선택의 여지를 주는 '동기부여 소통'이 양가감정에 따른 저항을 극복하거나 건강한 행동을 이끌어내고 강화하는 데 효과적이다.

동기부여 소통의 시작은 '열린 질문'이다. 과음으로 문제를 겪는 사람에게 "술 나쁜 것 아시죠?"라고 말하는 것은 닫힌 소통이다. 이를 열린 질문을 활용한 소통으로 바꾸면 "과음 때문에 고민이 많으시죠? 어떤 부분 때문에 술을 줄이기 어렵나요?" 하는 식이 될 수 있다.

그리고 지속적인 열린 질문과 공감 경청으로 "그러네요. 가족을 생각하니 술을 줄여야겠어요"처럼 변화를 결정하는 의지 표현을 스스로 하도록 돕는 소통이 중요하다. 설득에 마지못해 "알겠다"고 하기보다 스스로 선택했기 때문에 동기부여 정도도 강하고 변화를 유지하는 데도 효과적이다.

어떤 행동을 권유할 때도 동기부여 소통이 효과적이다. 예를 들어 내일이 선거일이라 동료에게 투표하라고 권하고 싶다면 "투표를 해야 제대로 된 국민이지"라는 말보다 "내일 투표할 마음이 몇 퍼센트야?"라고 열린 질문을 하는 것이 좋다. 상대방이 "30퍼센트야"라고 말하면 "제로는 아니네. 30퍼센트인 이유는 무엇 때문이야?"라고 질문을 이어갈 수 있다. "나도 내

권리를 행사할 마음은 있어. 단지 짜증이 나서 가기 싫을 뿐이야"라고 대답한다면 "투표할 마음은 있네. 30퍼센트를 51퍼센트로 올리려면 뭐가 필요할까?" 등으로 질문할 수도 있다.

복잡한 논쟁을 이어가기보다 "내가 점심 사면 투표할래?"처럼 가볍게 위트를 섞은 말이 분위기를 반전시키고 변화를 유도하기도 한다.

# 건강한 관계를 만드는 적정 거리가 있다

### 외로움을 즐기는 연습도 필요하다

앞에서 청년들이 연애도 하지 않고 사람 만나기를 꺼린다는 이야기를 했다. 그런데 연애를 하고 결혼을 하면 외로움이 해결될까? 그렇지 않다. 결혼을 한 부부도 외롭다고 호소하는 경우가 많다.

 "주중에는 일에 지치고 주말에도 자녀 양육에 집중하다 보면 제대로 쉴 수 없습니다. 부부가 함께 하는 오붓한 데이트는 꿈도 못 꾸죠. 그러다 보니 부부 사이가 멀어지는 느낌이 들고 외롭습니다."

사이 좋은 부부도 동시에 마음 에너지가 고갈되는 번아웃이 찾아오면 갈등이 심해지기 쉽다. 위로받고 싶은 마음은 커지는 반면 공감 능력은 줄어들기 때문이다. 한쪽이 힘들다고 하면 상대방이 애정을 가지고 받아줄 여유가 있어야 하는데, 동시에 번아웃이 오면 소통이 짜증으로 끝나기 쉽다.

"나 요즘 너무 힘들어"라는 말에 "내가 어떻게 도와줄까?"가 아니라 "너만 힘든 게 아니야" 하는 식으로 대화가 진행될 수 있기 때문이다. 관계가 나쁜 것이 아니라, 함께 노력하며 열심히 살다 보니 마음이 지친 것인데, 생각과 달리 소통이 이렇게 진행되다 보면 관계가 실제로 벌어질 수 있다.

두 사람이 함께 있어도 마음이 어긋나면 각자의 외로움은 더욱 커진다. 앞에서 사회적 관계가 거의 없는 고립 상태에서 느끼는 감정만이 외로움은 아니라고 말했다. 타인과 관계를 맺고 있어도 심리적으로 외로움을 느끼는 정서적 외로움도 있다. 함께 하기 위해 부부가 만난 것인데 관계가 악화되면 혼자일 때보다 외로워진다는 사실이 쓸쓸하기는 하다.

이처럼 사회적 관계는 존재하지만 나 홀로 존재하는 듯한 정서적 외로움은 '군중 속의 고독'이자 존재론적 외로움이라고도 할 수 있다. 사실 인간이기에 외로움은 숙명이다. 그렇기 때문에 외로움을 거부하지 말고 자연스럽게 받아들이며 적절히 즐길 수 있는 여유가 필요하다.

'혼자 놀기 연습'도 필요하다. 우리는 누군가와 함께하는 것에 대한 욕구가 크다. 물리적으로 가까운 누군가와 경험을 공유할 때 더 좋은 기억으로 남을 것이라 예상하기 때문이다. 그런 이유로 보고 싶은 영화는 A인데 상대방과 떨어진 자리에서 봐야 한다면, 함께 볼 수 있는 B 영화를 선택할 때도 있다. 그런데 실제로 이 경우 영화를 보고 나서 부정적 감정이 생길 수 있다.

B 영화가 재미있으면 다행인데 그렇지 않은 경우, 혼자 영화를 본 것보다 오히려 안 좋은 기억이 남는 것이다. 차라리 각자 좋아하는 영화를 보고 나서 커피나 식사를 함께 하는 방식이 양쪽 모두의 만족감을 높일 수 있다.

바쁠 때일수록 각자의 만족감을 높일 수 있는 혼자 놀기 혹은 하이브리드형 놀기를 시도해보길 바란다.

부부라면 주말마다 함께 힐링 활동을 하면 좋겠지만 현실적으론 쉽지 않은 일이다. 주말에 배우자 한 명이 아이를 돌보는 사이 잠시라도 다른 배우자가 혼자 놀기의 시간을 갖도록 해 보자. 이렇게 하면 부부에게 동시에 번아웃이 찾아오는 것을 막는 데도 도움이 된다.

외로움이 마냥 극복해야 할 대상 같기도 하지만 외로움에는 긍정적인 면도 존재한다. 식욕처럼 생존에 필요한 요소이기 때문이다. 몸의 에너지가 빠져나가도 배고프지 않으면, 식욕이 생기지 않으면 식이 행동이 자연스럽게 나오기 어렵다. 식욕이 왕성하다는 것은 다이어트에는 적이지만 건강하다는 증거이기도 하다. 마찬가지로 외로움을 느끼기 때문에 누군가를 만나려고 하는 것이다.

## 연결을 위한 단절

어느 날 라이브 동영상을 시청하고 있는데 댓글 창에 '뇌절하겠네'라는 말이 계속 올라왔다. 무슨 뜻인가 궁금해서 찾아보니 똑같은 말이나 행동을 반복해 상대방을 질리게 할 때 사용한다는 설명이 있었다. '1절, 2절, 큰절, 결국은 뇌절'이라는 식으로 사용한다는 것이다.

'뇌절'까지는 아니지만 스트레스로 뇌가 절단된 것 같은 강도의 피로를 느끼는 경우가 많다. 그런데 이 정도로 피로하다면 실제로 끊어줄 필요가 있다. 뇌를 좌우로 끊는 것이 아니라 뇌와 외부 환경의 연결 스위치를 잠시 꺼줄 필요가 있다는 뜻이다. 이를 '연결을 위한 단절disconnect to connect'이라고 한다.

연결을 위한 단절이란 업무나 삶의 스트레스와 연관된 외부 사람 또는 디지털 네트워크와 잠시라도 단절하고 내면의 마음과 연결하는 고요한 시간을 갖는 것을 뜻한다.

한때 '멍 때리기'가 유행이었는데, 연결을 위한 단절 연습을 재미있게 표현한 것이라고 할 수 있다. 마음 치유를 위한 솔루션으로 자주 언급되는 마음 챙김 명상도 그 원리는 외부 네트워크를 잠시 끈 채 내면의 감정과 생각을 있는 그대로 바라보는 것이다.

하지만 지금은 멍 때리기나 마음 챙김도 이전보다 쉽지 않게 되었다. 팬데믹이라는 전투를 치른 데다 사회 및 경제의 구조적 변화도 커서 적응에 대한 스트레스가 초고압 상태이기 때문이다. 쉴 때 스트레스를 주는 공간에서 빠져나와 마음까지 쉴 수 있는 공간으로 이동해야 한다.

그런데 요즘같이 모두가 스트레스를 많이 받는 시기에는 단순히 멍 때리기를 해도 쉴 수 있는 공간이 아닌 걱정과 염려의 공간으로 빨려 들어가게 된다. 불안을 느끼게 하는 공간의 영향력이 블랙홀처럼 강해졌기 때문이다. 그래서 멍 때리기 같은 행위가 오히려 걱정과 염려 같은 잡념을 불러일으키는 역설적인 상황이 찾아오기도 한다.

불안도가 높은 사회에서는 연결을 위한 단절 방법을 꾸준히 개발하는 것이 중요하다. 점심때 짧은 명상을 하는 것일 수도 있고 가벼운 산책을 하는 것일 수도 있다. 사람에 따라서는 록 음악을 크게 틀어놓고 뛰는 것일 수도 있다.

내 마음에 효과적인 휴식을 주기 위해서는 여러 시도를 해보는 과정이 꼭 필요하다. 과거에 좋다고 느꼈던 활동, 또는 해보고 싶었던 것, 그리고 의외로 나랑 맞지 않을 듯한 것도 한번 해볼 필요가 있다. 앞에서도 언급했듯 친구 때문에 억지로 끌려가서 해본 취미 활동에서 최고의 재충전을 경험하는 경우도 있기 때문이다.

## 느슨한 관계가 때론 끈끈함보다 강하다

새로운 직장을 구할 때 도움받을 사람을 고민한다면 아마도 끈끈한 관계인 절친 또는 가족이 먼저 떠오를 것이다.

실제로 학연, 혈연, 지연 등으로 오랜 시간 얽힌 '강한 관계 strong tie'가 새로운 직장이나 자리로 이동하는 데 영향을 주고, 이 관계의 힘이 과도하게 개입될 때 발생하는 부적절한 문제 사례도 보게 된다.

그런데 역설적인 주장도 있다. 최근 '얕은 관계 weak tie'가 새로운 직장을 구하는 데 유리하다는 연구가 저명 학술지에 보고되었다.[4] 여기에서 얕은 관계란 서로 다른 영역에 있지만 관심과 친밀감을 살짝 느끼는 정도의 사이를 말한다.

글로벌 비즈니스 인맥 플랫폼의 데이터를 활용한 인공지능 연구에 따르면 건너 건너서 알게 된 얕은 관계가 강한 관계보다 새로운 직장을 구하는 데 더 큰 힘을 발휘할 수 있다는 것이다. 그리고 구직을 넘어 최신 정보 습득이나 창의적 아이디어가 떠오르게 하는 데도 도움을 줄 수 있다는 것인데, 설득력 있는 주장이다. 특히 첨단 소프트웨어 도입, 인공지능 통합, 로봇화 등 진화 속도가 빠른 영역에서 얕은 관계가 더 효과적이었다.

아무래도 끈끈한 관계는 유사한 영역에 함께 존재하기 쉽다. 예를 들면 의사는 의사인 친구를 자주 만날 확률이 높다. 전문 지식에 기반한 깊은 소통을 하기에는 좋지만 대전환의 시기에 빠르게 변화하는 다른 영역의 최신 정보를 습득하는 데는 제한이 될 수 있다.

내향적인 사람이라면 인간관계가 협소한 것을 스스로의 약점이라 생각할 것이다. 하지만 새롭게 떠오르고 있는 얕은 관계에 주목한다면 지금 맺고 있는 느슨한 관계만으로도 충분하다는 사실이 위안이 될 것이다. 내 인맥에 적당히 얕은 관계가 있는지 생각해보면 떠오르는 사람이 있을 것이다.

나에게 도움이 될 얕은 관계를 더 늘려나가려면 어떻게 해야 할까? 새로운 직장에 들어가거나 누군가를 통해 소개받지 않고는 어려운 일이긴 하다.

그런데 디지털 인맥 플랫폼에서는 '네가 알면 좋을 것 같은 사람'을 알고리즘으로 소개해주기도 한다. 실제 인맥을 통하지 않는, 다양하고 가벼운 관계 형성이 물리적 공간과는 비교하기 어려울 정도로 쉽고 다양하게 이루어질 수 있다.

원격 근무 형태가 확장되고 다양한 디지털 소통 플랫폼이 공존하며 메타버스가 키워드인 시기이기에 디지털 만남이 증가하고 있다. 많은 사람이 끈끈한 관계를 좋아하겠지만 동시에 세대와 영역을 초월해 새로운 친구를 만나는 데 관심을 가지는 것도 필요해 보인다.

## 내면 소통을 해보자

현재 관계에 만족하지 못해 외로움과 무기력을 느끼고 있다면 이에 대처하는 효과적인 방법 중 하나가 내면 소통을 하는 것이다. 소통은 크게 타인과 교류하는 관계 소통과 내면에서 나와 이야기하는 내면 소통으로 나눌 수 있다.

내면 소통이란 내 감정을 살피고 타인과의 감정 및 관계를 살피는 사회 인지, 그리고 중요한 사건을 기억하는 기억 강화 기능, 마지막으로 내 과거, 현재, 미래의 데이터를 기반으로 관계 소통에서 얻은 새로운 감정과 정보를 통합해 내 인생의 서사, 스토리텔링을 그리는 작업이다.

관계 소통과 내면 소통은 별개로 작동하지 않는다. 예를 들어 사람을 통한 힐링을 경험하는 사람도 어느 순간 역치를 넘어서면 아무도 만나고 싶지 않아진다. 관계 소통이 내면 소통에 영향을 미쳐 나를 고립시킬 수도 있다. 반대로 무기력한 내면이 내 인생의 스토리텔링, 마인드셋을 부정적으로 만들어 사람들과의 소통을 회피하거나 불편하게 느끼게 할 수 있다.

이럴 때는 자기 자신과의 깊은 대화를 통해 자신의 감정과 생각을 이해하고, 이를 수용해보자. 외로움의 감정을 관리하고 극복하는 데 도움이 될 수 있다.

내면 소통은 자신의 내적 세계를 탐구하는 과정으로, 감정, 생각, 경험 등을 성찰해 자기 이해를 높일 수 있다. 자신의 강점과 약점, 가치관 등을 명확히 이해하고 수용하는 과정도 내면 소통의 일환이다. 이는 자신과 깊이 연결되어 진정한 자아를 발견할 수 있도록 돕는다.

또 내면 소통은 마음 챙김과도 연관이 깊다. 현재의 감정과 생각을 있는 그대로 받아들이고 관찰하면서 내적 갈등이나 스트레스를 줄일 수 있다.

내면 소통을 통해 자기 자신을 더 잘 이해하게 되면, 외로움을 느끼는 순간에도 자신이 왜 그런 감정을 느끼는지 파악할 수 있다. 그래서 감정을 더 잘 관리하고 긍정적인 방향으로 생각을 전환할 수 있게 된다. 또 자신의 가치를 확인함으로써 외부의 인정이나 타인의 존재에 덜 의존하게 되고 자존감을 키울 수 있다.

내면 소통은 억눌린 감정을 표출하고 처리하는 데도 도움이 된다. 외로움이라는 감정도 내면 소통을 통해 더 깊이 이해하고, 그로부터 벗어날 수 있는 방법을 찾게 된다. 외로움은 종종 내적 불안이나 공허함에서 비롯되는데, 내면 소통을 통해 자신의 내적 세계와 연결되면 이러한 불안이나 공허감을 해소하고 더 깊은 내적 평화를 찾을 수 있다.

## 연결과 자유의 균형 찾기

곁에 누군가가 없어 외롭기도 하지만 우리는 외로움을 본능으로 지니고 태어난다. 외롭기에 누군가와 연결되길 갈망하는 것이다. 배고픔이라는 본능을 참기 어려운 것처럼 외로움이라는 심리적 허기도 상당한 스트레스로 작용한다. 바쁘더라도 따뜻한 연결, 스몰 토크를 할 때 여유를 느끼고 삶의 만족도도 높아진다.

연결만큼 중요한 것이 자유로움이다. 사실 연결과 자유로움은 양립하기 어려울 때가 많다. 아무리 가까운 친구라도 가까워지면 갑갑할 때가 있다. 그래서 관계를 잘 쌓아나가다가도 어느 순간 염증을 느끼고 자유를 느끼기 위해 인맥 다이어트를 하기도 한다.

돈을 벌면 행복감이 증진되는 이유는 자유가 커지기 때문인데, 더 구체적으로는 '만나고 싶지 않은 사람을 만나지 않을 수 있는 자유'다. 귀찮고 복잡한 만남을 싹 정리해버릴 수 있다면 진정한 자유를 느낄 것처럼 느껴진다. 그런데 그러다 보면 다시 고독해질 수 있다.

연결과 자유로움의 밸런스를 잡는 것이 가능할 것 같으나 실제로는 어렵다. 자유롭고 싶다가도 외로워지고 오락가락하게 되는 것이 일반적이다. 그런 스스로를 미성숙하다고 탓할 필요는 없다. 서로 반대되는 성질의 욕구가 동시에 존재하는 것이 우리 마음의 타고난 특징이다. 이는 우리가 선택한 것이 아니다.

연결과 자유의 밸런스를 잡고 마음에 여유를 가지려면 '바쁜 일이 끝나면 친구들과 자주 만나고 즐겁게 보내야지', '은퇴하면 먼 곳으로 여행을 가야지' 같은 큰 계획을 세우는 것도 좋다. 그런 상상 자체가 마음의 시간 빈곤감을 채워준다. 그러나 상상만으로는 한계가 있다.

하루 동안 작은 활동이라도 연결과 자유를 느낄 수 있는 일을 '액션'하는 것이 동시에 필요하다. 시간 빈곤감은 물리적으로 시간 여유가 있을 때보다 연결과 자유를 동시에 느낄 때 만족감으로 전환된다.

**[ Key Point ]**

- 무기력이 심화되면 타인과 소통하고 연결되고 싶은 욕구가 줄어든다. 지금 고립되는 청년들이 늘어나고 사회적 양극화가 심화되는 이유다.

---

- 소통이 어긋나는 주된 원인은 상대방이 자신의 속마음을 잘 안다고 착각하는 '투명성 착각' 때문이다. 명확하고 구체적인 표현을 통해 오해를 줄일 필요가 있다.

---

- 관계 맺기를 잘하기 위해서는 '연결을 위한 단절'이 필요하다. 때로는 외부와 잠시 단절하고 내면의 목소리에 귀 기울일 때 타인에게 쓸 에너지가 충전된다.

# 5장

# 무기력의 시대에 성과를 낸다는 것

DETOX

# 치열한 경쟁, 지쳐가는 직장인

## 경쟁에 뒤처진다는 열등감

요즘에는 번아웃 증상이 없으면 '내가 열심히 살지 않았나?'라고 걱정을 토로하는 웃지 못할 상황이 연출되기도 한다. 그만큼 번아웃이 성공을 위해 한 번은 거쳐야 하는 필수 절차처럼 받아들여지고 있다.

글로벌 컨설팅 기업 딜로이트는 지난해 미국 MZ 세대 직장인의 45퍼센트가 번아웃에 빠져 있다[1]고 밝혔는데, 국가와 나

이를 막론하고 보편적인 질병이 되어가는 셈이다. 세계경제포럼은 번아웃으로 연간 약 420조 원의 손실이 발생하는 것으로 추정하는 만큼 전 국가가 나서서 해결해야 할 문제이기도 하다. 과도한 업무량과 치열한 경쟁 체제 속에서 자신을 혹사하다 보면 정신적, 육체적으로 기력이 소진되어 무기력증이나 우울증이 올 수밖에 없다. 치열한 경쟁에서 느끼는 열등감이 번아웃의 원인이 되기도 한다.

한 직장인이 다음과 같은 고민을 전해왔다.

"저는 15년 차 직장인인데 늘상 안고 있는 고민이 있습니다. 저한테 열등감이 있는 것 같아요. 회사에 뛰어난 사람이 많은데, 늘 비교당하고 더 많은 성과를 내야 하는 환경에서 열등감을 떨쳐버리고 편안히 살아갈 방법이 없을까요?"

이처럼 열등감 때문에 고민인 이들이라면 앞 장에서 이야기했던 내용 중 우선 1차, 2차 스트레스 개념을 적용해볼 수 있다. 그리고 부정적 감정이 불편하지만 나쁜 감정은 아니라는 것도 함께 고려하면 좋다. 부정적 감정인 불안, 분노, 우울에도 나름의 순기능이 있다.

물론 부정적인 감정이 너무 커서 내 행동을 지배해버리면 삶이 힘들고 실제 결정, 관계, 창의력, 투지 등 여러 요인에 나쁜 영향을 미친다. 그러면 내 미래를 불편한 방향으로 끌고 갈 수 있다.

결론부터 이야기하면 '열등감' 같은 단어는 내 소통 사전에서 '삭제' 버튼을 누르고 휴지통 비우기까지 하자. 이 직장인이 느끼는 열등감이란 감정이 자신의 감정에 대한 꼬리표인지 팩트인지 체크해볼 필요가 있다. 언어는 소통의 수단이지만 동시에 그 단어를 사용하는 순간 파워를 가지며 나를 규정하고 지배할 수 있다. 그 파워가 내 삶을 위축시킨다면 그것이 일종의 '셀프 가스라이팅'인 셈이다.

이 직장인이 느끼는 열등감은 15년째 직장 생활을 하면서 자신보다 뛰어난 사람이 많아 늘 비교하는 것에서 비롯되는 감정이다. 그런데 거꾸로 생각해보자. 그럼 15년간 회사 생활을 하면서 수많은 사람을 만나는데 나보다 우수한 사람을 단 한 명도 만난 적이 없어야 열등감이 없는 것인가? 만약 그런 사람이 있다면 문제적 자기애, 나르시시즘narcissism을 가진 경우일 것이다. 그리고 나르시시즘이야말로 마음속 깊은 열등감에서 비롯되는 감정이다

나르시시스트는 자기를 제대로 사랑하는 것이 아니라 자기 인식 기능이 결여되어 자신의 문제를 받아들이지 못하는 사람

이다. 자기 인식 기능이 작동하지 못하는 이유는 내면이 허약하기 때문이다. 다시 말해 내면에 자신이 부서질 것 같은 두려움으로 가득 차 있는 상태다. 그래서 타인의 충고와 자신의 문제를 수용하지 못한다.

이러한 나르시시즘은 일시적으로 찾아오기도 한다. 하지만 지속적으로 나르시시즘 증상을 보이는 사람은 본인도 문제를 겪지만, 함께하는 친구와 동료가 겪는 고통은 더욱 크다. 사회생활을 하다 보면 이런 사람을 꼭 만나게 된다. 좀 격하게 표현하면, 좋은 인사 시스템을 갖춘 회사는 나르시시즘을 지닌 사람이 리더 위치에 올라가는 것을 잘 걸러내는 시스템을 갖추었다고 할 수 있다. 실제 그런 연구와 주장도 존재한다.

그럼 다시 앞의 고민으로 돌아가자. 자기보다 우수한 사람이 있다고 느끼는 것은 열등감이 아니라 자기 인식 기능이 존재한다는 의미다. 직장 생활을 포함해 어떤 사회생활이든 삶을 살아갈 때 자기 인식 기능이 잘 작동한다는 것은 내가 나르시시스트가 아니라는 증거다.

자기 인식으로 불편한 감정을 느끼는 것은 1차 스트레스다. 여기에는 순기능이 존재한다. 내가 부족하다는 사실을 인식하고 나를 변화시키는 동력으로 활용할 수도 있다. 때로는 서로 각자의 장단점이 있기에 협업이 중요하다는 마음을 갖게 하는 소중한 감정이기도 하다. 자기 변화와 협업의 필요성을 느끼는 에너지로 활용하고 자연스러운 감정으로 생각해야 한다.

그런데 자기 인식으로 발생하는 불편한 감정을 '나는 열등해'라는 식으로 해석하고 열등감이라는 꼬리표를 붙이면, 그것이 2차 스트레스를 증폭시킨다. 2차 스트레스는 뇌에 엄청난 피로를 주고 에너지를 많이 소모하게 만든다. 그리고 주관적인 자아 효능감이 떨어져 '나는 잘할 수 없다'는 식의 관점을 가지게 된다. 이처럼 1도라도 미래를 보는 관점이 부정적으로 틀어지면, 실제 퍼포먼스도 떨어질 수 있다.

## 번아웃의 반대는 몰입이다

번아웃에 대한 몇 가지 흔한 오해가 마음을 더 지치게 할 수 있어 정확한 이해가 필요하다.

"남들은 잘 버티고 있는데 저만 이렇게 힘든 것 같아요. 제가 멘탈이 약한 걸까요?"

번아웃이 찾아온 자신이 나약하다고 지나치게 탓하는 이에게 나는 이렇게 이야기한다.

"스마트폰이 방전되었다고 고장 난 것이 아닙니다. 열심히 살다 보니 재충전이 필요하다고 마음이 메시지를 보낸 것이 번아웃 현상이라 볼 수 있어요. 그래서 번아웃이 찾아왔다면 가장 먼저 '너를 너무 혹사시켜 미안하다. 평소에 네가 좋아하는 일로 재충전해줄게'라고 내 마음을 다독여주어야 합니다."

번아웃 상태의 반대란 무엇일까? 바로 '몰입engagement'이다. 조직에서 번아웃 관련 검사를 시행할 때 결과에 따라 구성원을 번아웃과 몰입 상태로 나누는 경우도 있다. 번아웃에 빠진 구성원들은 업무 수행 능력이 떨어지니 명상, 여행 등을 통한 재충전을 권유하기도 한다.

그러나 번아웃을 개인적 차원에서만 접근하는 것은 한계가 있다. 번아웃 척도를 개발한 버클리대학교 크리스티나 매슬랙Christina Maslach 교수는 번아웃 평가를 할 때 다양한 측면을 동시에 분석해 어떤 요인들이 팀과 구성원에게 번아웃을 불러일으키는지 함께 살펴보는 것이 꼭 필요하다고 주장한다.

예를 들어 상사와의 소통 갈등이 정서적 고갈을 가져오고 결국 무기력감이 찾아오는 경우가 있다. 반대로 적성에 맞지 않는 업무가 무기력감을 먼저 가져오고, 이어서 공감 소통에 문제가 생기는 경우도 있다. 이처럼 조직의 시스템 차원에서 번아웃을 일으키는 다양한 과정에 대해 분석할 필요가 있다.

# 무기력할수록 마음에 공간을 만들어라

## 과도한 긍정은 독이 될 수 있다

'난 해낼 수 있어' 같은 긍정 마인드는 생산성과 창의성을 높이고, 업무 피로를 줄이며 매출은 늘리는 등 업무에 좋은 효과를 발휘한다. 그런데 긍정 마인드를 지나치게 강요해 과한 수준이 되면 오히려 독이 될 수 있다. 특히 조직 내에서 리더의 과한 긍정 압박은 '유해한 긍정성 toxic positivity'이 될 수 있다.

"넌 이 일을 한 달 안에 끝낼 수 있어", "모두가 어렵다고 하지만 우린 이번에 이 계약을 무조건 따낼 수 있어" 같은 낙관적 발언이 현실과 너무 동떨어져 있다면 구성원들은 결국 소진되고 지쳐 나가떨어진다. 그러면 오히려 업무 몰입을 방해하고 협업과 소통에도 지장을 준다. 그리고 리더의 주변에는 '예스'만 하는 사람이 늘어난다.

유해한 긍정성 소통은 조직에서만 일어나는 것이 아니다. 워낙 긍정 마인드라는 프레임이 기계적으로 과하게 작동하는 세상이다 보니 가족 간 소통, 친구 간 소통에도 거의 자동 반사 수준으로 쓰일 때가 많다.

"너보다 어려운 환경에 있는 친구가 얼마나 많은데, 긍정적으로 생각하고 공부에 전념해."

"이번엔 운이 나빴을 뿐, 더 큰 꿈을 가지고 다시 도전해."

이런 말을 한 번쯤 들어본 적도, 해본 적도 있을 것이다. 이런 소통이 힘이 될 수 있고 나쁘다는 것은 아니다. 그러나 현실을 고려하지 않고 반사적으로 긍정하는 소통은 주의해야 한다. 소위 말하는 '영혼 없는' 긍정은 공감하는 위로의 소통이 아니라 유해한 긍정성을 주입하는 일종의 가스라이팅 소통이 될 수 있기 때문이다.

그럼 어떻게 해야 할까? "넌 무조건 할 수 있어"보다 "내가 어떤 부분을 도와주면 너의 꿈, 너의 프로젝트를 이루는 데 실질적으로 도움이 될까?"가 진정으로 필요한 소통 방식이다. 물론 이렇게 하는 게 쉬운 것은 아니다. 내 에너지와 시간을 투자하겠다는 약속이 담긴 애정의 소통이기 때문이다.

우리 자신의 마인드 관리도 마찬가지다. 비록 지금은 어둠이 가득한 공간에 갇혀 있지만, 그 안에서도 작은 희망의 빛을 놓치지 않는 정도의 긍정성이 과장된 긍정성보다 현실적이지 않을까 싶다. 힘든데 안 힘들다며 억지로 마인드 컨트롤을 하기보다 '힘들어. 그렇지만 난 저 빛을 향해 나아갈 거야'라고 자기 마음을 따뜻하게 안아주는 '마음 수용'을 해보자. 그리고 이를 기반으로 삶의 가치를 향해 행동하는 것이 더 효과적인 긍정 전략이다.

## 언덕 위로 올라가서 내려다보라, 메타뷰 기법

극한의 상태에서 체력과 정신력을 겨루는 서바이벌 리얼리티 프로그램이 꾸준히 인기를 끌고 있다. 그런데 프로그램을 시청하다 보면 참여자들이 느끼는 심리적 압박감이 상당해 보인다.

눈을 질끈 감고 버티는 참여자에게 동료들이 "멘탈이 흔들리면 지는 거야. 멘탈 챙겨"라는 말을 많이 한다.

생각해보면 멘탈 문제는 서바이벌 프로그램에만 등장하는 이슈는 아니다. 우리가 삶에서 늘 마주하는 문제다. 생존 게임형 프로그램이 지속적으로 인기를 끄는 것도 우리의 삶과 닮았기 때문이 아닐까 싶다.

그렇다면 어떻게 멘탈을 챙겨야 할까? 이와 관련해서 유명한 이론이 하나 있다. 자극과 반응 사이에는 공간이 있으며, 그 공간에는 우리가 선택할 수 있는 힘과 자유가 있다는 것이다. 이것은 죽음의 공포로 가득했던 나치 수용소에서 살아남은 유대인 정신과 의사 빅터 프랭클Viktor Frankl이 창시한 '의미 치료'의 핵심 내용이다.

빅터 프랭클에 따르면, 인간의 가장 근본적인 동기는 의미를 찾는 것이다. 삶에서 고통이나 어려움을 겪더라도 그 안에서 의미를 발견한다면 인간은 극복할 수 있다. 그래서 의미 치료는 인간이 자신의 태도와 반응을 선택할 자유가 있다고 본다. 외부 환경이 아무리 가혹하더라도 자신의 내부에서 의미를 찾고 그것에 따라 행동할 능력이 인간에게 있다는 것이다.

이에 기반해 의미 치료는 환자가 삶에서 의미를 찾도록 돕는 것을 목표로 한다. 치료사는 환자에게 삶의 의미를 탐색할 기회를 제공하고, 그들이 직면한 문제를 새로운 시각으로 바라보게 도와준다. 예를 들어 극심한 고통이나 스트레스 상황에서도 어떤 의미를 찾을 수 있는지 고민하게 함으로써, 환자가 무기력감이나 절망감에서 벗어나도록 지원한다.[2]

앞에서 말한 서바이벌 프로그램으로 돌아가보자. 신체적으로 가장 약해 보였던 참가자가 있었다. 경쟁자들과 무거운 짐을 들고 버티는 임무에서 살아남아야 하는 미션이었는데, 중간에 눈을 질끈 감는 모습이 인상적이었다. 그 참가자는 주변 경쟁자들을 보면 멘탈이 더 흔들려서 '이것은 나와의 싸움'이라는 생각으로 눈을 감았다고 했다. 주변 경쟁자들을 볼 때 느껴지는 불안과 공포의 반응을 눈을 감아 차단해 마음의 공간을 만든 것이다.

최근 비즈니스업계에서 마음의 공간을 만드는 개념을 차용해 주목받는 것이 '메타뷰 meta-view 기법'이다. 메타뷰 기법은 주로 심리학 및 코칭에서 사용하는 기법으로, 개인이 특정 상황을 더 넓은 관점에서 바라볼 수 있도록 도와주는 것이다. 개인이 직면한 문제나 갈등을 더 객관적으로 바라보게 하고, 보다 큰 맥락에서 이해할 수 있도록 돕는다.

스트레스가 과도하면 불안, 분노 등 여러 부정적 감정과 비관적 생각이 찾아온다. 이때 감정과 생각의 파도와 싸우겠다며 달려들었다가는 파도에 휩쓸리기 쉽다. 언덕 위에 올라가 일단 그 파도를 바라보는 것이 메타뷰의 핵심이다. 반응하지 말고 한발 물러나 내 감정과 생각을 바라보는 훈련을 하자는 것이다. 메타뷰 기법을 통해 다음과 같은 효과를 누릴 수 있다.

### 1. 관점의 확장

메타뷰 기법은 문제를 더 큰 시각에서 바라보게 함으로써, 현재 상황에 얽매이지 않고 더 넓은 관점에서 상황을 재평가할 수 있도록 한다. 이를 통해 문제를 더 잘 이해하고, 새로운 해결책을 모색할 수 있다.

### 2. 제3자의 관점

자신이 아닌 제3자 입장에서 상황을 바라보게 하는 것도 메타뷰 기법의 중요한 부분이다. 예를 들어 마치 관찰자가 된 것처럼 자신의 상황을 멀리서 바라보는 것을 통해, 감정적인 거리를 두고 보다 객관적인 판단을 할 수 있게 된다.

### 3. 자기 성찰 촉진

메타뷰 기법은 개인이 자기 자신과 자신의 행동을 성찰하는 데 도움을 준다. 이렇게 함으로써 감정적 반응 대신 합리적이고 논리적으로 사고할 수 있는 기회를 제공한다.

그럼 메타뷰 기법을 어떻게 적용할 수 있을까? 우선 내 현재 상황을 마치 외부에서 관찰하듯 설명해보자. 제3자의 입장에서 내 상황을 바라보고 평가하는 것이다. 그리고 문제를 해결할 접근법이나 전략도 새로운 관점에서 생각해보자.

메타뷰 기법을 강화하는 다른 방법은 '감정적 스트레스를 언어화'하는 것이다. 예를 들어 "짜증 나고 화가 치밀어"가 아닌 "누군가에게 지시를 받는 것이 싫다"같이 구체적이고 객관적인 표현으로 치환해보는 것이다. 깊은 호흡이나 명상, 산책, 독서 같은 활동은 자연스럽게 메타뷰를 강화하는 데 도움이 되는 훈련이다.

# 공감도 지나치면 나를 소진시킨다

## 공감 능력의 함정

'측은지심惻隱之心'은 남을 불쌍하게 여기는 착한 마음을 일컫는다. 이것을 흔히 사용하는 단어로 바꾸어본다면 '공감 능력'이라 할 수 있다. 공감은 인류 생존의 중요한 역할을 해왔고 비즈니스 영역에서도 긍정적인 관계를 형성한다고 하여 그 능력이 중요하게 여겨진 지 오래다.

그런데 타인의 고통을 느끼고 함께하는 것은 상당한 에너지를 쓰는 과정이다. 타인의 신체적 통증을 공감할 때 실제 뇌 안의 통증 센터도 함께 활성화된다는 연구 결과가 있다. 즉 제대로 공감하면 아픈가 보다 하는 수준이 아닌 진짜 내가 통증을 느끼는 듯하는 것이다.

즐거울 때 떠오르는 친구와 지쳤을 때 떠오르는 친구가 다른 경우도 있다. 상태가 좋을 때는 유머 있고 활발한 사람을 만나고 싶지만, 지쳤을 때는 속 깊은 친구가 떠오른다. 삶의 통증이 공감 레이더를 작동하게 해서 공감 능력이 좋은 친구를 자동으로 찾는다고 볼 수 있다.

그런데 공감에는 양면성이 존재한다. 타인과 세상을 보살피는 따뜻한 힘이지만 과도하게 짊어지면 정작 내 마음이 지쳐 번아웃이 올 수 있다. 또한 공감이 지나치면 정확한 상황 판단 능력이 떨어져 타인에게 비합리적인 조언을 해줄 위험도 있다.

한 연구를 보면, 어린 환자가 고통에 시달리는 음성을 녹음해 두 그룹에 각각 들려주면서 한 그룹은 최대한 감정이입을 해서 듣도록 하고, 다른 한 그룹은 최대한 감정적으로 거리를 두고 듣게 했다.

이후 의사가 환자에게는 고통스럽지만 효과적인 치료법을 우선순위에 따라 제시했을 때, 어린 환자 음성을 감정이입해

들은 그룹은 3명 중 2명 비율로 의사 의견에 반대했다. 고통스러운 치료법에 반대한 것이다. 이에 비해 감정적으로 거리를 둔 그룹은 3명 중 1명 비율만 의사 의견에 반대했다. 깊은 공감이 오히려 합리적 결정에 부정적 영향을 줄 수 있다는 내용이다.

리더십 분야에서는 공감을 연민으로 확장시켜야 한다는 주장이 있다. 이에 따르면 공감이 타인의 감정을 느끼는 것이라면, 연민은 공감에 타인을 돕기 위한 행동적 의지도 함께 포함된 것으로 구분한다. 다시 말해 '잘 돕기 위한 공감'을 연민이라 할 수 있는데, 구체적으로는 먼저 정서적 거리를 두어야 한다는 것이다. 그래야 상대방을 돕기 위한 합리적 판단이 가능하다는 것이다.

그리고 통증을 나누는 것을 넘어 무엇을 원하는지 경청하는 과정이 필요하다고 한다. 내가 공감해서 돕길 원하는 내용과 상대방이 원하는 것이 다를 수 있기 때문이다. 공감하다 보니 급하게 내가 생각한 도움을 상대방에게 주고자 할 수 있는데, 그 전에 행동을 잠시 멈추고 잘 듣는 것 자체가 상대방을 돕고 위로하는 행동일 수 있다. 그리고 무엇보다 연민을 잘 하기 위해서는 나부터 마음을 잘 관리해야 한다. 나를 연민할 수 있어야 타인도 연민할 수 있다.

## 공감은 60퍼센트만 하라

어느 날 유명 아티스트가 갈수록 팀 작업을 하는 게 힘들다고 털어놓았다. 좋은 작품을 만들기 위해 모두가 애를 쓰는 과정에서 제작진에게 쓴소리를 해야 하는 경우도 생기는데, 싫은 소리를 하는 것이 적성에도 맞지 않고 불편하다는 것이었다. 이러한 소통 문제로 일을 하면 할수록 행복감이 떨어지고 인생을 잘못 살고 있는 것은 아닌지 고민이 된다고 했다.

타인과 소통하고 협업하는 건 쉽지 않은 일이지만, 리더로서 구성원을 이끄는 건 특히 힘들다. 게다가 최근에는 공감 리더십의 중요성이 강조되고 있다. 젊은 직원들의 퇴사 원인 중 58퍼센트가 리더의 공감 부족이란 통계도 있다.[3] 그런데 공감 리더십을 강조한 것은 그리 오래된 일은 아니다. 2000년대까지만 해도 추진력 있는 강력한 리더십을 최고라 생각했고, 공감 리더십은 치열한 경쟁 사회에서 지나치게 부드럽고 나약하다는 주장도 있었다.

이후 여러 연구에서는 공감 리더십이 있을 때 직원들의 업무 만족도, 창의성, 도전 의식, 그리고 동료와의 일체감 등이 커지는 것으로 나타났다. 또 심리적으로 탈진했을 때 회복이 빠른 것은 물론 스트레스에 따른 신체적 증상이 나타날 가능성도 줄여준다.

그렇다 보니 구성원들에게 공감을 해줘야 한다는 부담감을 갖는 리더도 많다. 그런데 여러 일을 관리하고 책임져야 하는 리더가 다양한 구성원의 마음까지 공감해줘야 하니, 과부하가 걸릴 수 있다. 그래서 오히려 짜증이 나고 부정적 감정이 폭증하기도 한다. 공감을 과도하게 하면 '공감 피로'가 찾아오고, 그러면 짜증이 늘어난다.

이게 구성원들에게는 더 부정적으로 비칠 수 있다. '공감 잘하는 리더'와 '짜증 안 내는 리더' 중 누가 더 좋은 리더냐는 질문에 직원들이 압도적으로 후자를 선택했다고 한다. '내 마음은 공감 안 해도 좋으니 네 마음이나 잘 조절하세요'란 이야기다.

성격이 삐딱해 짜증을 많이 내는 리더가 욕을 먹는 것은 당연하지만, 열심히 공감하다 짜증이 커져서 부정적 평가를 받게 되면 얼마나 억울한 일인가! 그러므로 무리하게 공감하려고 강박을 가질 필요는 없다.

공감 능력을 타고난 사람들이 있다. 공감 유전자가 있는 셈인데, 다른 훈련을 받지 않아도 다른 사람의 감정을 내 감정처럼 받아들이는 감정적 공감emotional empathy 능력을 타고난 사람이다. 이런 사람은 타인의 아픔에 함께 슬퍼하고 눈물 흘려준다. 누군가 나의 슬픔을 공감해주는 것 자체가 큰 위로가 된다. 그런데 과도한 감정적 공감이 공감 피로로 이어져 뇌가 탈진하면 까칠한 반응을 보일 수 있다.

그래서 공감을 해줄 때는 에너지의 60퍼센트만 쓰는 연습을 하라고 권한다.

한번은 인간관계에서 받은 상처 때문에 수시로 전화를 걸어 하소연하는 여동생 때문에 점점 지친다는 사연을 접했다. 위로하고 공감해주는 데는 생각보다 많은 에너지가 소모된다. 그래서 매일 하는 전화를 일주일에 두세 번으로 줄이고, 가끔 직접 만나 힘껏 위로해주라고 말했다. 그 정도도 훌륭한 배려라고 말이다.

이런 경우 상대방이 섭섭해할 것을 걱정하는 경우가 많은데, 내가 과도한 마음의 에너지를 사용하면 지치다 못해 짜증이 섞일 수밖에 없고, 결국 '왜 이전 같지 않느냐'는 상대방의 항의에 마음이 상해 '내가 언제까지 너를 위해 희생해야 하냐'는 이야기가 나오게 된다. 요즘처럼 마음의 에너지가 고갈되기 쉬운 환경에서는 전략적으로 내 마음의 에너지를 지키려는 노력도 필요하다.

## 리더는 지치면 안 될까

"어떻게 하면 마음이 지친 번아웃 상태의 구성원을 잘 위로해줄 수 있을까요?"

이런 리더의 질문을 자주 받는다. 그러면 나는 "그런 좋은 의도를 갖고 있다면 무슨 이야기를 하든 위로를 전달할 수 있습니다"라고 답한다. 말 이전에 공감하고자 하는 마음이 중요하기 때문이다.

우리 마음이 말에 위로받는 것은 아니다. 앞에서도 언급했듯 자기 소통 능력을 과신하고 자신감에 차 위로를 전하는 사람에게 오히려 저항감이 생기고 마음이 지치는 경험을 하기도 한다.

그런데 '내가 번아웃 상태인데 타인을 위로할 수 있을까'

에 대해 생각해볼 필요가 있다. 리더가 지치면 '껍데기 멘토링 marginal mentoring'을 할 가능성이 높아진다. 표면적으로는 멘토링 관계를 맺고 있는 것처럼 보이지만, 실질적으로는 멘토링의 효과나 깊이 있는 지도가 부족한 것을 뜻한다.

번아웃은 마음의 에너지가 떨어진 상태이고, 마음이 지치면 부정적 감정이 증가한다. 동시에 공감 능력도 저하된다. 진심으로 공감하고 멘토링하려는 의지와 무관하게 소통 기능이 떨어진다. 이런 상태에선 무표정이나 억지 미소가 나오게 된다. 상대방에게 무관심하다는 느낌을 주는 껍데기 멘토링이 나오기 쉽다.

좋은 멘토링을 하기 위해서는 타인의 마음과 함께 내 마음도 읽을 수 있어야 한다. 그리고 상황에 맞는 단어를 찾아 소통해야 한다. 팀워크를 다지기 위해 워크숍을 갔는데, 최선을 다해 공감 소통하려는 의지와 무관하게 엉뚱한 단어가 툭 튀어나와 오히려 분위기를 망쳤다는 리더의 고민을 접할 때가 있다.

'전투가 치열하다. 나의 죽음을 알리지 마라'라는 오래된 명언을 생각하면 리더십 측면에서 깊은 존경이 느껴진다. 하지만 본받아야 할 가치와 실제 행동 적용에서는 효율적 구분이 필요하다. 리더는 자신이 지쳤다는 사실을 내보이지 않으려는 경향이 있다. '리더는 약해서는 안 된다'는 평판에 대한 이슈도 있고 '구성원들도 힘든데 내 힘든 마음까지 전달해 부담 주기 싫다'는 배려의 마음도 존재한다. 그러다 보니 더 외롭고 지치기 쉽다.

멘토링을 잘하려면 잘 쉬어야 한다. 주말도, 휴가도 없이 일하는 리더가 강하고 헌신적으로 보일 수 있으나 결국 번아웃이 찾아와 조직과 개인에게 부정적 영향을 주는 것을 보게 된다. 리더가 쉬지 않으면 구성원도 리더 눈치를 보며 휴식을 취하지 못할 확률이 높다. 지금 휴가나 즐길 때인가 하는 조직 문화는 모두에게 좋지 않다.

그리고 리더가 지쳤다면 팀원들과의 만남을 잠시 미루거나 자신이 번아웃 상태라는 사실을 솔직히 이야기하는 것을 권한다. 불평조로 '너 때문에 내가 지쳤다'란 메시지를 보내는 것은 옳지 않지만, 리더가 자신이 지쳤음을 솔직히 오픈하는 것은 리더십에서 중요한 '자기 인식'을 보여주는 것이고, 구성원도 자기 인식을 새롭게 할 수 있는 기회가 된다.

# 지치지 않고 성과 내기

### 회의 피로감에 대처하는 법

직장인 김 대리는 하루에 평균 네 번 회의에 참석해야 하는데, 그중 절반 이상이 실제 업무와 관련이 없다고 느낀다. 회의가 시작되면 목적이 불분명하고, 논의가 산만하게 흘러가 결론도 나지 않는 경우가 많다. 긴 회의가 끝나고 나면 처리해야 할 일이 쌓여 있어 스트레스가 늘어난다. 이러한 상황은 업무 만족도를 크게 떨어뜨린다.

직장인이라면 공감할 것이다. 실제로 많은 직장인이 '회의 피로감'을 느낀다. 주로 잦은 회의와 비생산적 회의, 그리고 과도하게 긴 회의 시간 때문에 피로감을 느끼는 것이다. 이는 스트레스를 증가시킬 뿐 아니라 업무 생산성을 떨어뜨린다.

회의 피로감을 줄이고 효율성을 높이기 위한 방법으로 사전에 회의에 대한 안건, 즉 '어젠다(계획)'를 미리 준비하는 경우가 많다. 어젠다가 없는 미팅은 왠지 준비도 덜 되어 있고 회의의 격도 떨어지는 느낌을 받기도 한다. 참석자 입장에서는 어젠다가 존재하는 경우 그렇지 않은 경우에 비해 미팅이 더 효율적으로 진행될 것이란 기대를 하기도 할 것이다.

그런데 이런 기대와 달리 어젠다와 실제 미팅의 성과가 연결되지 않는 경우도 많다는 것이다. 이를 '어젠다 극장 agenda theater'이라 표현하기도 하는데, 조직이나 그룹에서 공식적으로 설정된 목표나 어젠다가 실질적으로 실행되지 않고, 마치 연극처럼 보여주기식으로만 진행되는 상황을 뜻한다.

회의 역시 보여주기식으로만 진행되는 경우가 많다. 인사말, 진행 상황 보고 등의 안건은 영화의 시나리오처럼 회의를 원활하게 진행되는 것으로 보이게 할진 모르나, 실제로 회의는 비생산적일 수 있다는 것이다. 거기에 직장인들이 어젠다 작성에 매주 3시간 이상을 사용한다는 통계도 있다. 어젠다가 실제 회의에 도움이 되지 않는다면 이중으로 에너지가 낭비되는 셈이다.

'어젠다 극장'을 피하기 위해서는 어젠다를 작성하기 전에 우선 회의를 통해 이루고자 하는 목표를 명확히 하는 것이 좋다. 목표가 명확해야 회의 방식, 회의에 참여하는 구성원 등에 대한 구체적 요소가 효과적으로 설정될 수 있다. 명확하지 않다면 회의 시기를 미루는 것이 나을 수 있다. 시간에 쫓겨서 또는 반복되는 일정에 따라 명확한 목적이 정의되지 않고 시행되는 회의는 불필요한 에너지를 낭비하게 한다.

회의 종류에 따라 어젠다 없는 자연스러운 소통이 더 적합할 수도 있다. 일방적인 보고 형태의 회의라면 각 안건에 따라 시간을 분배하여 진행하는 것이 효율적이다. 하지만 문제 상황을 돌파할 새로운 아이디어를 논의해야 하는 회의라면 충분한 시간이 필요하기도 하기 때문이다. 시간이 제한되면 창의적인 아이디어가 나오지 못할 확률이 높다.

'창조성 절벽 환상 creativity cliff illusion'이라는 용어가 있다. 창의적 사고가 요구되는 안건에서 처음에 나오는 아이디어가 최선이고 시간이 지날수록 창의력이 떨어진다는 선입견을 이야기한다. 사람들은 창조적 성과를 낼 때 일정 시점에 도달하면 더 이상 창조성이 발휘되지 않을 것이라는 잘못된 믿음을 갖는다. 그래서 자신이 창의적 활동에서 한계를 느끼거나, 일정 수준의 창조적 성취를 이룬 후 더 이상 발전할 수 없다고 생각하게 만드는 심리적 현상이다.

쉽게 말해 창의적 아이디어를 내다 보면 시간이 지날수록 피로감은 느낄 수 있으나, 처음 아이디어가 최선이 아닌 경우가 많다는 것이다.

예를 들어 유머 아이디어를 제출하도록 한 연구에 따르면, 초기의 아이디어가 최선이라고 믿는 경우 새로운 아이디어를 내는 과정도 일찍 마치고 적은 숫자의 유머를 제출했다고 한다. 그런데 막상 본인은 자신의 아이디어가 매우 창의적이라 여겼다는 것이다.

그러나 창조성 절벽 환상은 단순한 심리적 장벽에 불과하며, 실제로 사람들은 창의적인 한계에 도달하지 않는다. 지속적인 학습, 도전, 그리고 다양한 경험을 통해 누구나 자신의 창의성을 확장할 수 있다. 충분한 시간을 갖고 창의적 소통을 할 때, 뇌가 피곤을 느끼더라도 장기적으로는 아이디어를 검토·개선해 더 최선의 아이디어를 도출할 확률이 높아진다. 이 환상을 극복하려면 자신이 더 발전할 수 있다는 믿음을 가지고 새로운 도전에 나서는 것이 중요하다.

조직에서는 조직원들의 번아웃을 방지하는 차원에서 회의를 시작하기 전에 어떤 방식으로 진행해야 효율적으로 목표를 달성할 수 있을지 좀 더 철저하게 점검해야 할 것이다.

## 어느 날 갑자기 발표 불안이 찾아오다

번아웃이 찾아오면 불안도가 높아지면서 불쑥 없던 증상이 나타나기도 한다. '발표의 신'이라 불렸던 직장인이 있었다. 그런데 승진 후 상사 앞에서 새해 사업 계획을 발표하던 중 갑자기 감당할 수 없는 불안이 찾아왔고, 천금 같은 기회를 망쳐버리고 말았다.

흔히 '무대 공포증'이라 부르는 '실행 불안performance anxiety'으로 고생하는 사람이 적지 않다. 실행 불안은 특정한 상황에서 성과를 내야 할 때 발생하는 불안감이나 두려움을 말한다. 특히 발표, 공연, 시험, 경기 등에서 흔히 나타난다.

실행 불안은 여러 형태로 나타난다. 과도한 걱정과 자신에 대한 의심, 실패에 대한 두려움은 신체적 증상으로 발현되기도 한다. 그러면 생리학적 각성이 과도해진다. 손 떨림, 과도한 땀 흘림, 짧은 호흡, 빠른 심장박동, 그리고 입 마름 증상 등이 나타날 수 있다. 심하면 극도의 공포에 숨이 멈출 것 같은 공황 증상까지 나타난다.

또 '머리 회전이 멈춰버려 발표를 다 못하면 어떡하나', '목소리가 안 나오면 어떡하나' 같은 부정적 생각이 끝도 없이 머릿속을 맴돈다. 그러다 보면 집중력이 떨어지고 실제 인지 기능 저하 현상이 와서 결국 발표나 공연을 망치게 된다. 그 뒤엔 자존감 저하와 절망 또는 분노 같은 정서적 반응이 이어질 수 있다.

경험이 많으면 불안이 줄어들 것 같지만 꼭 그렇지도 않다. 불안은 갑자기 찾아올 수도 있다. 특히 팬데믹 이후 사회 전반적으로 불안도가 높아지면서 무대 공포라고는 없던 베테랑 직원도 실행 불안으로 고생하는 경우가 있다.

실행 불안이 찾아왔을 때 '불안해하지 말자'며 감정을 직접 조절하려는 마인드 컨트롤을 하게 된다. 하지만 불안이 심한 경우에는 강하게 마음을 조절하려다 오히려 심적 저항을 불러와 불안이 더 증폭되기 쉽다. 불안을 찍어 누르며 자신을 한심하게 여기기보다 '괜찮아, 불안할 수도 있어'라며 자신의 마음을 다독이고 마음의 긴장을 누그러뜨리는 이완 요법이 효과적이다.

긴장하면 그 긴장감이 신경계 등을 통해 전달된다. 그래서 손도 떨리고 심장도 빨리 뛰는 등 몸의 변화가 나타난다. 이런 몸의 반응이 마음을 더 불안하게 해 신체 증상도 더 심해지는 악순환이 일어나기 쉽다.

그래서 긴장되었을 때 이를 적극적으로 풀어줄 수 있는 나만의 방법을 평소에 훈련해놓는 것이 필요하다. 복식호흡이나 명상, 요가 같은 이완 요법도 도움이 된다. 발표를 하지 않을 때도 꾸준히 이완 연습을 해 기본적인 긴장도를 낮추는 것이 좋다.

불안 반응이 매우 강하거나 아직 이완 기술이 충분히 익숙하지 않을 때는 비약물적 요법만으로는 불안이 잡히지 않을 수 있다. 이럴 때는 무대 공포 등 불안 반응의 악순환을 차단하는 약물 처방에 대해 전문가와 상의해보는 것도 고려할 수 있다. 약물을 갖고 있는 것만으로도 안심이 되어 무대 공포가 줄어드는 경우도 있다.

## 실행 불안을 극복하는 법

실행 불안은 누구나 겪을 수 있는 정상적인 반응이다. 하지만 이를 관리하지 않으면 성과에 부정적인 영향을 미칠 수 있다는 것이 문제다. 따라서 다양한 대처 기법을 통해 불안을 관리하고 자신감을 키워 보다 나은 성과를 이루도록 해보자.

**1. 준비와 연습**

철저한 준비와 반복적 연습은 자신감을 높이고 불안을 줄이는 데 효과적이다. 익숙해질수록 불안감이 줄어들게 된다.

**2. 호흡 조절**

긴장감을 느낄 때 깊고 천천히 호흡하는 것이 심박수를 낮추고 마음을 진정시키는 데 도움이 된다.

**3. 인지 재구성**

부정적 생각을 긍정적 생각으로 바꾸는 연습을 하자. 예를 들어 '실패하면 어떡하지?'를 '최선을 다할 거야'로 바꾸자.

### 4. 상황 수용

완벽하지 않아도 된다는 점을 받아들이고, 실수는 성장의 과정이라는 생각을 가지는 게 중요하다.

### 5. 시각화

성공적 결과를 시각화하는 것이 자신감을 높이는 데 도움이 된다. 이를 통해 마음을 긍정적으로 유지할 수 있다.

### 6. 전문가 도움

실행 불안이 지나쳐 일상생활에 큰 영향을 미친다면 상담사나 치료사의 도움을 받는 게 좋다.

# 지친 뇌를 회복시키는 법

### 훌쩍 떠나면 스트레스가 풀릴까?

일과 삶의 경계를 명확히 나누는 방법을 알고 싶다는 질문을 받은 적이 있다. 나는 "감정이나 생각은 무 자르듯 마음먹은 대로 끊을 수 없기 때문에 불가능합니다"라고 답했다. 예를 들어 업무 시간에 '이번 기획안으로 좋은 평가를 받을 수 있을까? 더 좋은 아이디어는 없을까?' 고민하며 업무에 몰입하다가 퇴근 시간이 되었다고 '아, 업무가 끝났으니 이제 일 생각은 잊고 내 삶을 즐기자'라고 단칼에 전환하기는 어렵다. 마음 자체도 그렇게 설계되어 있지 않다.

이처럼 일과 삶의 경계가 마음대로 잘 나누어지지 않다 보니 여러 노력을 시도하게 된다. 대표적인 것이 일터와 집을 물리적으로 떨어뜨리는 것이다. 출퇴근 시간을 아끼기 위해 회사 근처에 집을 구했는데, 주말에도 계속 업무 공간에 있는 것 같은 답답한 느낌이 든다는 사람도 있다. 그래서 다시 회사에서 거리가 있는 곳으로 이사를 갔다고 했다. 확실히 물리적 거리가 늘어나면 마음의 거리도 어느 정도 같이 멀어지는 경향이 있다.

그래서 마음이 지칠수록 먼 곳으로 여행을 가고 싶은 욕구가 증가할 수 있다. 사람들에게 물어봐도 해외는 유럽, 국내는 제주도로 여행을 가고 싶다는 이들이 많은데, 일터와 물리적으로 먼 곳으로 떠나 쉬고 싶은 마음이 담겨 있지 않나 싶다.

유럽이나 제주도면 좋은데, 가끔은 "지구를 떠나고 싶어요" 또는 "사람 말소리가 들리지 않는 곳으로 가고 싶어요" 등 극단적인 답변을 들을 때도 있다. 마음이 지치는 번아웃이 강하게 찾아온 이들이라면 현실에 대한 회피 감정이 커지면서 이런 생각을 하게 될 수도 있다.

내 마음 컨디션이 괜찮다면 먼 곳으로 여행 가는 것이 훌륭한 마인드 관리의 시간이 될 수 있다. 그런데 앞에서 말한 것처럼 번아웃이 강하게 온 경우라면 회피 감정에 이끌려 먼 곳으로 여행을 갔다가 긴 비행시간에 지치고 음식이나 문화 등의 차이가 오히려 스트레스로 작용할 수도 있다.

그래서 보통 번아웃이 왔을 때는 자신에게 익숙하거나 가까운 장소에서 휴가를 즐기기를 권한다. 예를 들어 음악을 듣고 자전거를 타는 것에서 마음을 치유받은 경험이 있다면 그 활동 중심으로 국내 휴가를 계획해보는 것이다.

그런 점에서 3장에서 언급한 미니 브레이크가 효율적인 휴식이 될 수 있다. 업무 중 잠시 브레이크를 걸고 10분 정도 시간을 내서 커피 한 잔, 동료와의 담소, 또는 음악 한 곡 듣기 등을 하는 것이다. 지친 뇌에 브레이크를 걸고 휴식 모드로 전환할 수 있는 훌륭한 장치다.

한 글로벌 기업 연구소에서 시행한 미니 브레이크 관련 연구를 살펴보니 미니 브레이크를 실천한 직원이 그렇지 않은 경우보다 '뇌 피로'와 연관된 뇌파 변화가 적었다고 한다. 그래서 리더들에게 적극적으로 미니 브레이크를 코칭하라고 조언하는데, 흥미로운 주의 사항이 있다. 쉬는 시간을 알리는 종이

울리듯 숙제처럼 미니 브레이크를 갖게 하면 오히려 스트레스가 될 수 있다는 것이다.

휴식에도 순서가 중요하다. 휴식을 잘 취하면 삶의 만족도와 일의 성과도 자연스럽게 증가한다. 그런데 미니 브레이크 같은 힐링 활동을 숙제로 느끼게 된다면 오히려 스트레스가 될 수 있다.

마음이 더 행복해지건 말건 업무 능력이 더 향상되건 말건, 친구가 좋아서, 음악이 좋아서 나만의 브레이크를 가질 때 뜻하지 않게 행복도 성과도 증가하는 흐름이 자연스러운 순서다.

## 완벽은 없다

일을 완벽하게 하려다 보니 스트레스를 많이 받고 진행도 더디다는 등 완벽주의 성향으로 힘들다는 고민이 많다. 그런데 완벽주의가 반드시 불편한 것만은 아니었다. 완벽주의의 철학적 정의 중 '정신적, 신체적 상태를 적절한 상태로 유지하기 위한 지속적인 의지와 노력'이라는 부분이 있다. 이런 완벽은 나를 건강하게 한다.

문제는 '모든 이에게 인정받을 거야' 또는 '실패는 있을 수 없어' 같은 비합리적 신념으로서의 완벽주의다. 완벽의 내용이 이런 왜곡된 신념으로 차버리면 마음이 남아나지 않는다. 실제로 완벽주의는 번아웃 증후군을 일으키는 대표적 원인이다.

최근 30년간 젊은이들에서 완벽주의 성향이 증가하고 있다는 주장이 있다. 치열한 경쟁 환경 등이 이유로 거론된다. 그런데 업무 성과와 완벽주의 간에 관계성이 없다는 연구 결과가 있다.

완벽주의의 대표적 특징은 높은 목표를 추구하며 실패를 회피한다는 것이다. 그래서 완벽주의 행동을 줄이려고 할 때 단순히 목표를 낮추려고 하면 저항이 생길 수밖에 없다. 우선 완벽이 아닌 '완성'에 목표를 두는 것이 필요하다. 작은 디테일에 너무 치중하다 업무가 미루어지면 기회비용이 증가한다. 중요한 프로젝트는 완벽에 집착하기보다 그냥 해서 마치는 게 낫다는 것이다.

여기서 체크리스트를 활용하는 것이 도움이 될 수 있다. 또 구체적 행동 목표와 시간을 촘촘히 설정해 시간 내에 일을 마치자. 결점이 없는 결과물을 내는 것은 불가능하다. 보는 관점에 따라서도 평가가 달라질 수 있기 때문이다. 시간을 잘 지킨다는 평가를 받고 내용은 피드백을 받아 보완해 완벽을 추구하는 것이 자기 성장을 위해서도 도움이 된다.

부정적 생각의 반추를 끊는 것이 필요하다. 반추는 대체로 불안과 연결되어 있고, 내면적으로 자신을 용서하지 못하는 자기비판과 연결되어 있다. 반추는 비합리적 완벽주의 신념이 나를 분석해서 내리는 평가이기도 하다. 평가 틀이 왜곡되어 있기 때문에 평가 결과가 도움이 되지 않는 것이 대부분이다.

완벽주의를 1차 스트레스와 2차 스트레스로 설명해본다면 완벽을 추구하는 것 자체는 멋진 삶의 태도이고 자연스러운 것이다. 그런데 팩트 체크를 해보면, 완벽을 삶을 살아가는 태도 중 하나로 생각하는 것은 좋지만 삶의 목표로 삼으면 문제를 일으키게 되어 있다. 왜냐하면 도대체 어느 정도가 완벽인지가 애매하기 때문이다.

성공한 투자가가 자녀 양육도 완벽하게 하고 싶었는데 어느 날 변수가 너무 많아 그것이 어렵다는 것을 깨닫고 삶이 허무해졌다며 고민을 호소했다. 무엇이 문제일까. 문제가 없는데 문제로 인식하는 것이 문제다. 목표 프레임 설정이 문제인 것이다.

세상에 완벽이란 존재하지 않는다. 자녀 양육이 힘든 것은 부모인 내가 해줄 것이 많지 않기 때문이다. 여러 지원과 응원은 가능하지만 공부를 대신 해줄 수도 없고, 연애나 결혼 생활을 대신 해줄 수도 없다. 애타게 지켜보는 것이 최선이고 한계다. 그게 진실이고 아름다운 것인데 그 부분을 문제라고 2차 스트레스화하면 부모로서의 만족도가 떨어지고, 더 나아가 사랑하는 자녀와의 관계도 불편해질 수 있다. 자녀에게 완벽을 요구할 수 있기 때문이다. 친구 관계나 직장에서의 인간관계도 마찬가지이고, 나 자신과의 관계도 그렇다. 완벽을 추구하는 것은 좋지만 완벽은 존재하지 않는다는 사실을 잊지 말자.

모두에게 인정받고 잘해내야만 한다는 완벽주의는 결국 '나는 루저야' 혹은 '완벽하지 않으면 아무 소용이 없어'라는 무력감으로 이어진다. 전 세계적으로 경제 불황이 장기화되며 기업은 물론 개인 간의 경쟁이 더욱 치열해지고 잘해야만 인정받는 강박적인 사회 분위기가 만연해졌다. 하지만 그 안에서 허무주의로 빠지지 않도록 묵묵히 버티고 견뎌내야 한다. 지금은 내가 통제하고 집중할 수 있는 작은 일부터 시작해야 할 때다.

**[ Key Point ]**

- 문제 상황이나 갈등에 직면했을 때는 한 발짝 물러나 내 감정과 생각을 바라보는 '메타뷰 기법'이 효과적이다.

---

- 당신이 공감형 리더라면 공감할 때 에너지의 60퍼센트만 쓰자. 공감이 과도해지면 공감 피로와 번아웃이 올 수 있다.

---

- 보여주기식 회의나 과도하게 긴 회의는 업무 생산성을 급격하게 떨어뜨린다. 회의 목표를 명확히 하고 에너지를 낭비하지 않는 방향으로 개선할 필요가 있다.

---

- 업무 성과와 완벽주의 간에는 관계성이 없다. 도달하지 못할 목표 때문에 스트레스받기보다 업무를 완수하는 데 목표를 두자.

**에필로그**

# 무기력의 시대를 건너는
# 이들에게

고백하자면 나는 스트레스에 매우 취약한 편이다. 그래서 정신과 의사가 된 케이스다. 물론 과를 선택할 때 '나는 심리적으로 취약하니 정신의학을 공부해야지'라고 생각한 것은 아니다. 노력을 해도 불안정한 마음이란 녀석이 늘 이상하고 신기했고, 나처럼 고민하는 이들이 많다는 것을 알게 되면서 그들에게 도움을 주기 위해 선택했다.

돌이켜 보면 나에게 소아 우울이 있지 않았나 싶다. 삶에서 처음으로 죽음과 허무를 강하게 느낀 시기가 초등학교 5학년

쯤이었다. 죽음에 대한 공포 때문에 여러 종교를 찾아 몰입하기도 했다. 그런 기억을 되돌아보며 스스로 조숙하다고 평가해왔는데 요즘 다른 관점에서 보니 소아 우울일 수도 있겠다는 생각이 들었다. 사실 여부를 가리는 것을 떠나 우리 마음에 이처럼 동전의 앞·뒷면 같은 특징이 많다. 성숙한 면모 한쪽에 어두운 면모가 숨어 있는 것처럼 누군가를 미워하면서도 좋아하고, 혼자 있고 싶으면서도 함께 있고 싶어 하는 양가감정은 우리 마음에서 매우 흔하게 나타나는 현상이다.

쓸데없어 보이는 필자의 이야기를 장황하게 꺼낸 것은 마음이란 이처럼 종잡을 수 없다는 말을 하기 위해서다. 무기력에 빠진 당신에게 가장 필요한 태도 역시 '내 마음은 내 마음대로 되지 않는다'라는 사실을 받아들이는 것이다. '지금 지치면 안 돼. 극복해야 해'라고 억지로 마음을 컨트롤하다가는 오히려 좌절감을 느끼고 무기력이 심화될 수 있다. 그래서 이 책을 통해 직접 마음을 조정하기보다 행동을 통해 우회적으로 활성화하는 방법을 소개한 것이다.

이 책에서 소개하는 무기력 디톡스 전략은 나 역시 많은 도움을 받았고, 무기력과 번아웃으로 고민하는 주변 사람들에게 소개해 지속적으로 긍정적인 피드백을 받고 있는 방법이다. 물론 누구에게나 일률적으로 적용할 수 있는 만능 해법은 아니다. 마인드 케어의 특성상 개인의 취향을 많이 타기 때문이다. 그래서 책에서 제시하는 원칙을 습득한 후 나와 잘 맞는 기법을 응용해 커스터마이징하는 것이 필요하다.

무기력의 시대를 건너는 이들에게 이 책이 자신만의 마음 무기를 장착하는 하나의 계기가 되기를 바라본다.

주

### 1장 왜 우리는 '무기력 모드'에 빠졌나

1. 통계청, 「경제활동인구조사」, 2024. 8. 14
2. 김지섭, 「직장인 1000명 심층 조사 "번아웃됐다, 원인은 업무량이 아니고…"」, 《조선일보》, 2023. 02. 26
3. McKinsey & Company, 「Reframing employee health: Moving beyond burnout to holistic health」, 2023. 11
4. Giurge, Laura et al., 「Why Time Poverty Matters for Individuals, Organisations, and Nations」, *Nature Human Behaviour 4*, no. 10 (2020): 993~1003
5. Giurge, Laura, 위의 논문.
6. Carney, Dana R. et al., 「Power Posing: Brief Nonverbal Displays Affect Neuroendocrine Levels and Risk Tolerance」, *Psychological Science 21*, no. 10 (2010): 1363~1368

7   Edward Bullmore, *The Inflamed Mind*, Picador, 2019. [에드워드 불모어, 정지인 역, 『염증에 걸린 마음』, 심심, 2020]

8   Wei, Wei et al., 「Psychological stress-induced microbial metabolite indole-3-acetate disrupts intestinal cell lineage commitment」, *Cell Metabolism 3*, no. 6 (2024): 457~648

9   Emeran Mayer, *The Mind-Gut Connection: How the Hidden Conversation Within Our Bodies Impacts Our Mood, Our Choices, and Our Overall Health*, Harper Collins Publishers, 2016. [에머런 메이어, 김보은 역, 『더 커넥션』, 브레인월드, 2017]

10  Mataix-Cols, David et al., 「All-Cause and Cause-Specific Mortality Among Individuals With Hypochondriasis」, *JAMA Psychiatry 81*, no. 3 (2024): 284~291

11  Seligman, M. E. and S. F. Maier, 「Failure to escape traumatic shock」, *Journal of Experimental Psychology 74*, no. 1 (1967): 1~9

12  Xu, Qingyi et al., 「Cumulative incidence of suicidal ideation and associated factors among adults living in temporary housing during the three years after the Great East Japan Earthquake」, *Journal of Affective Disorders 232*, (2018)

13  통계청, 「사망원인통계」, 2024. 8.

14  Diana Duong, 「Doctors brace for 'fourth wave' of the pandemic」, healthing.ca.

15  Rob Cross and Karen Dillon, *The Microstress Effect: How Little Things Pile Up and Create Big Problems-and What to Do about It*, Harvard Business Review Press, 2023. [롭 크로스, 캐런 딜런, 구세희 역, 『미세 스트레스』, 21세기북스, 2024]

16  Upwork, 「Upwork Study Finds Employee Workloads Rising Despite Increased C-Suite Investment in Artificial Intelligence」, 2024. 7. 23

## 2장 마음에 시동을 거는 기술, 마인드 부스팅

1. Pearlin, Leonard I. and Alex Bierman, 「Current Issues and Future Directions in Research into the Stress Process」, *Sociology and Mental Health 5*, no. 2 (2015): 67~85
2. Steven Goldsmith, *The Healing Paradox: A Revolutionary Approach to Treating and Curing Physical and Mental Illness*, North Atlantic Books, (2019)
3. Kruger, Tillmann H. C. et al., 「Neuronal effects of glabellar botulinum toxin injections using a valenced inhibition task in borderline personality disorder」, *Scientific Reports 12*, (2022)
4. James Clear, *Atomic Habits: An Easy & Proven Way to Build Good Habits & Break Bad Ones*, Avery, 2018. [제임스 클리어, 이한이 역, 『아주 작은 습관의 힘』, 비즈니스북스, 2019]

## 3장 무기력에서 나를 구하는 멘탈 강화 수업

1. Microsoft, 「Research Proves Your Brain Needs Breaks」, 2021. 4. 20 (https://www.microsoft.com/en-us/worklab/work-trend-index/brain-research)
2. Petri-Romão, Papoula et al., 「Self-report assessment of Positive Appraisal Style (PAS): Development of a process-focused and a content-focused questionnaire for use in mental health and resilience research」, *PLOS ONE*, (2024)
3. Miron-Spektor, Ella, 「Collective paradoxical frames: Managing tensions in learning and innovation」, *The Oxford Handbook of Group and Organizational Learning*, (2017): 429~448
4. Ben Simon, Eti et al., 「Sleep loss leads to the withdrawal of human helping across individuals, groups, and large-scale societies」, *PLOS Biology 21*, no. 11 (2023)

## 4장  무기력의 시대에 관계를 맺는다는 것

1  Weiss, Robert S., *Loneliness: The experience of emotional and social isolation*, The MIT Press, (1973)
2  Mastroianni, A. M. et al., 「Do conversations end when people want them to?」, *Proceedings of the National Academy of Sciences 118*, no. 10 (2021)
3  Burnier, Michel and Egan, Brent M., 「Adherence in Hypertension: A Review of Prevalence, Risk Factors, Impact, and Management」, *Circulation Research*, (2019)
4  Granovetter, Mark, 「The strength of weak ties: A network theory revisited」, *socialrogical theory 1*, (1983): 201~233


## 5장  무기력의 시대에 성과를 낸다는 것

1  「딜로이트 글로벌 2024 MZ 세대 서베이」, 딜로이트 글로벌, 2024. 5
2  Viktor Frankl, *Man's Search for Meaning*, Beacon Press, 2006. [빅터 프랭클, 이시형 역, 『죽음의 수용소에서』, 청아출판사, 2020]
3  EY, 「New EY Consulting survey confirms 90% of US workers believe empathetic leadership leads to higher job satisfaction and 79% agree it decreases employee turnover」, 2021. 10

# 무기력 디톡스

초판 1쇄 발행 2024년 10월 21일
초판 6쇄 발행 2025년 4월 18일

지은이 윤대현

발행인 윤승현  단행본사업본부장 신동해
편집장 김예원  책임편집 김다혜
디자인 studio forb  정리 조창원  교정교열 고영숙
마케팅 최혜진 이은미  홍보 반여진
제작 정석훈

브랜드 웅진지식하우스
주소 경기도 파주시 회동길 20
문의전화 031-956-7357(편집) 02-3670-1123(마케팅)

홈페이지 www.wjbooks.co.kr
인스타그램 www.instagram.com/woongjin_readers
페이스북 www.facebook.com/woongjinreaders
블로그 blog.naver.com/wj_booking

발행처 (주)웅진씽크빅
출판신고 1980년 3월 29일 제 406-2007-000046호

ⓒ 윤대현, 2024
ISBN 978-89-01-28932-8 03180

- 웅진지식하우스는 (주)웅진씽크빅 단행본사업본부의 브랜드입니다.
- 저작권법에 의해 한국 내에서 보호를 받는 저작물이므로 무단전재와 무단복제를 금합니다. 이 책 내용의 전부 또는 일부를 이용하려면 반드시 저작권자와 ㈜웅진씽크빅의 서면 동의를 받아야 합니다.
- 책값은 뒤표지에 있습니다.
- 잘못된 책은 구입하신 곳에서 바꾸어 드립니다.